吴秀波　　/// 今天之所以区别于昨天，
　　　　　恰恰是因为昨天的感受依然留在我们心中。

王源

即使人生重来,我依然会选择这样滚烫的人生。

图片来源:东方IC

王俊凯

长大,就是一个重塑自我的过程,它跟过去息息相关,却截然不同,虽然辛苦,却快乐。

图片来源:东方IC

图片来源：东方IC

陈柏霖　　/// 今天的快乐是今天的，
　　　　　　明天的快乐我想要去明天体验。

陈凯歌

十年面壁图破壁。

段奕宏　　///命运是个庞然大物，
　　　　　　说抛弃你就会把你抛弃了，但人不能自己抛弃自己。

图片来源:东方 IC

周星驰　　/// 如果说中国有查理·卓别林的话,那就是周星驰。

图片来源：东方 IC

郎朗

即使是严肃的艺术，也有走向大众的途径。

《人物》杂志—— 著

当众
孤独

中国出版集团公司
华文出版社

图书在版编目（CIP）数据

当众孤独 /《人物》杂志著 . -- 北京：
华文出版社，2018.9
　ISBN 978-7-5075-4962-1

　Ⅰ . ①当… Ⅱ . ①人… Ⅲ . ①文艺工作者－人物研究
－中国－现代 Ⅳ . ① K825.7

中国版本图书馆CIP数据核字（2018）第 196156 号

当众孤独

作　　　者：	《人物》杂志
责任编辑：	杨艳丽　王晓冰
出版发行：	华文出版社
地　　　址：	北京市西城区广外大街 305 号 8 区 2 号楼
邮政编码：	100055
网　　　址：	http：//www.hwcbs.com.cn
电　　　话：	发行部 010-58336202　　编辑部 010-63426125
经　　　销：	新华书店
印　　　刷：	北京欣睿虹彩印刷有限公司
开　　　本：	787×1092　　1/16
印　　　张：	17
字　　　数：	180 千字
版　　　次：	2018 年 09 月第 1 版
印　　　次：	2018 年 09 月北京第 1 次印刷
标准书号：	978-7-5075-4962-1
定　　　价：	49.80 元

版权所有，侵权必究

目录

辑一
孤独
/
融入时代

吴秀波
游荡者 / 003

孙杨
划过蓝色的孤单 / 034

黄轩
一个可能伟大的演员 / 049

辑二
选择
/
青春岁月

王源
少年远行 / 067

王俊凯
18 岁长大成人 / 093

陈柏霖
爱情并不是爱来爱去那么简单 / 106

辑三
寻找
/
我有必须要做的事

陈凯歌
"霸王"面壁 / 119

宁浩、黄渤、徐峥
喜剧的意义 / 145

王千源
无慌不成精 / 163

许知远
活着没什么用,死了就不行 / 178

辑四
自由
/
事在人为

段奕宏
站在水中央 / 195

周星驰
寡人周星驰 / 215

郎朗
自由之路 / 227

辑
一

PART 1

孤 独

∶

融 入 时 代

吴秀波：游荡者

○
○
○

文｜安小庆　编辑｜赵涵漠

在晃晃悠悠的20世纪80年代，吴秀波曾是最彻底的城市游荡者。他热爱发呆、喜欢幻想，垮垮地走着自己的人生，总是毫无目的地观察雪地、窗户和白杨树，并在相当长一段时间里白天休息、夜晚游荡。

吴秀波在真正意义上成为大众明星是在他42岁之后，他不得不开始面对明星、演员和普通人身份中持续的矛盾和游移。

他依旧喜欢自由散漫，依旧喜欢提笼架鸟，甚至于依旧冲动而愤怒。但是这些东西好像在一瞬间就都不被允许了。直到今天，他仍在学习适应这样的生活，并继续游荡着。

当众孤独

吴秀波喜欢用动物或昆虫形容自己，比如蛐蛐。《伊索寓言》里，蛐蛐不事生产，沉迷于游荡和歌唱，最后饿死在冬天的雪夜。吴秀波觉得自己从小就是一个懒散惯了的北京大院子弟，在现实中，干什么都不是特利落，爱发呆，爱瞎想。

发呆占据了他一生中许多重要的时刻。

他的老友、演员刘蓓向《人物》记者描述吴秀波时说："你就感觉他云山雾罩吧，你觉得他始终是发呆状态……可能那个时候他云游在他的脑子里，他在跟他自己对话，或者他在跟云对话、他在跟海对话。"

刘蓓还记得自己第一次见到吴秀波时的场景，那时她刚演完《编辑部的故事》，还没演《过把瘾》，她去当时北京著名的歌厅和平 House 玩，见到当时还是歌厅歌手的吴秀波穿一身深咖啡色西装，在台上闭着眼睛很投入地唱歌，"他似乎是在唱给他自己听……就是他在一个特喧嚣的环境里，你想在和平 house 迪斯科那么一个地方，他可以特别孤独，他可以特别自我。就是他是一个当众孤独的人"。

吴秀波的老朋友、过去曾跟他一起在歌厅做过歌手的高维那还记得，年轻时，吴秀波走在马路上，晚上每家每户亮着灯，吴秀波就会去想这家发生了什么事情、那家发生了什么事情,他爱幻想,想着想着就想飞了。

甚至站着洗澡,吴秀波也能洗4个小时。他曾在一次电视访谈中回忆:"就在喷头下冲着、待着,反正最近干什么,就站那儿想什么。我最近在做音乐,就站那儿想歌;开饭馆,就站那儿算钱;要是演戏,就站那儿想剧本;谈恋爱,就站那儿想想……反正就是想,我有好几次,就是因为晚上洗澡洗时间长了,第二天没起来。"吴秀波一直享受并安住在这样的状态里。

早些年一个冬天,他驻唱歌厅的一个歌迷曾在路上远远地认出了他。在吴秀波辗转多年成为当下中国偶像消费市场中类型最稀少的"国民成熟大叔"后,这位歌迷在贴吧回忆当时的歌手吴秀波:"他一边一摇一晃地走路,一边挺自得其乐地用脚踢路边的积雪,走着走着就停下来,低着头不知在看啥,雪地上没蚂蚁呀?然后自己吐吐舌头接着往前走。"

高维那也记得当时吴秀波身上垮垮的"浪荡劲儿"。"他可以前一分钟还在很形而上学地去探讨哲学,后一分钟就倍儿接地气地穿着蒸桑拿的大衣服,叽里呱啦地出去跟人喝酒了"。

那时的歌手吴秀波写过一首歌,但后来一直没有录制也没有发行。歌名叫《秋虫和蚂蚁》,这是他为寓言里那只不得善终的蛐蛐写的。

歌的前两句唱:"我不是那只勤劳的蚂蚁,我是那只会唱歌的秋虫。"曾做过歌厅歌手、个体工商业者和无业游民的吴秀波,觉得自己也和蛐蛐一样,在相当长的一段时间里白天休息,夜晚活动,他将自己形容为:一个遵纪守法的浪子,一个精神上自由散漫的人。

20 世纪 30 年代，德国思想家本雅明曾在著作《发达资本主义时代的抒情诗人》中，为现代欧洲社会命名了工业革命后现代都市空间最独特的一类人：游荡者。在本雅明那里，游荡者无功利地漫步于城市空间。他们英俊、富有、敏感、懒散，不事体力劳作，却善于观察和享受全面的感官生活，并以一种体验者的身份，间离于工业时代和消费社会之间，是变革年代最敏感的抒情诗人和"现代性"景观最投入的目击者。

吴秀波曾是最称职的"游荡者"。但那样自由适意的生存状态，在他 2010 年年底因主演谍战剧《黎明之前》一跃成为中国最受欢迎的成熟男明星后，变得难以复刻，他必须从边缘走到中心。《人物》杂志第一次与吴秀波见面，是在朝阳区一家门脸模糊且狭小的居酒屋里。当晚他要与十几位"波蜜"共进晚餐，并接受记者从旁观察。

粉丝中只有一位年轻男性，女士们的年龄在 20 岁到 60 岁之间。在晚餐的两个小时里，坐在吴秀波对面的几位女性剧迷，几乎没动过面前的食物，她们一直用欣喜和不可置信的眼神注视着眼前的偶像。吴秀波被看得有些羞涩，但他仍是周到而礼貌的，他询问了在场每一个人的名字，提醒正在哺乳期的一位"波蜜"不要饮酒，并提议大家一起举杯祝福在座年龄最大的"波蜜"。当被粉丝问起吴秀波在现实生活中是否也像剧中一样怕老婆时，他先是怔住了，然后用一段冗长而抽象的书面语稀释和带走了那个"是和不是"的问题。

这次聚餐结束一小时后，吴秀波出现在国贸一间商务套房里接受《人物》记者的采访。坐在屋子中央的一把椅子上，被反光板、摄像机和工作人员包围的吴秀波，依旧温和体贴。他会细心发现镜头后面拼命忍住不敢咳嗽的摄影师，轻声劝他："咳出来，没事儿。"并让助手拿来他常备的润喉糖。但在谦和与周到的背后，由"被看"

引来的不适感也随着采访的进行开始满溢。

"你们找错人了。"刚听完《人物》记者的简短开场,吴秀波就声称自己并不是一个值得被记录和书写的人物。有时收到"波蜜"为自己制作的文字图册,他也会感到尴尬并替对方觉得"太不值"。

在成为公众人物和大众偶像之后,他曾经在采访中直接告诉记者:"坐在你们面前的真的是一个特没用的人,最滑稽的是你们在采访一个非常没用的人。"

在那些让吴秀波印象深刻的过往中,和名利场有关的场景鲜少出现。当《人物》记者问他最常想起的场景时,他只用了两三秒时间就从记忆库里调出两个片段:

> 那一次是我跟家里人去香港,当时孩子还小,好像是去给他打疫苗、做体检。到了晚上,家里人都睡了,那天恰巧是元旦,阳历新年,我一个人走在香港的半山上,然后走到7-11(便利店),一帮年轻人在那儿买啤酒,有烟花,那个场景我记得很清楚。

> 后来我在温哥华拍戏,有一天自己第一次一个人在城里走,忽然间从市中心区一直走走走走,走完一条路出来,当时有一个画面,我就傻了:眼前是一片亮如镜面的海水,海水对面是隐隐的山峦,然后一片雪白的沙滩上,孤零零的一株樱花盛开,就跟梦一样。

他复原画面的速度和细致程度令人意外。更意外的是,这两个令他记忆深刻到可以瞬间调取的片段,巧合般地都来自他一个人在城市游荡时的所遇。

他一直热衷这样的物理移动。在未成名前,吴秀波就常常从居住的亚运村跑到天安门。拍摄《北京遇上西雅图之不二情书》的七八个月里，他依次在澳洲、香港、拉斯维加斯、伦敦和澳门的街道上跑步和穿行。

这些生命中的诸多片段，都以一种碎片化却多多少少有着相似感觉的意象，贴合并指向着生存方式和审美意义的都市游荡者形象——在晃晃悠悠的20世纪80年代，吴秀波曾是最彻底的京城游荡者之一；在作为演员和明星的后半生，他开始在名利场中的另一种"游荡"：来往于不同角色构筑的幻梦间，并在明星、演员和普通人的身份里持续矛盾和游移。

自然时间

《人物》杂志记者又见到吴秀波的那个下午，吴秀波和《军师联盟》的导演、编剧出现在由中国电视艺术委员会、中国电影电视评论学会联合主办的主题研讨会上。已经完成播放的《军师联盟》上半部在全网的网络播放量接近60亿人次，豆瓣评分也稳定在8.1分。

研讨会安排在一间酒店会议室进行。现场来了12位专家、3位主创，每人发言均超过半小时。其间不断有人离开会场，但吴秀波坐到了会议结束。

当开始播放《军师联盟》下半部片花时，房间的灯还亮着。吴秀波大步走到会议室的两扇大窗户边拉上窗帘，走回座位途中，又双手合十拜托大家把手机关了，把灯也关一下。看到屏幕前还杵着一支三脚架，他又起身向前，把架子挪到一边。

片花里的老年司马懿，须发蓬乱，身披红色长袍，如同罩在一张欲望的大网之中。这是吴秀波第一次扮演70岁的老人。

拍摄这部电视剧用了奢侈的333天，而这一切似乎早有预兆。2011年，吴秀波凭谍战剧《黎明之前》爆红之后的第二年，他多年的好哥们儿，后来在《人民的名义》中因饰演陈海"一躺成名"的黄俊鹏，在电视上看到上《鲁豫有约》的吴秀波，开心极了，他立刻发短信给吴秀波："哇，我说主持人好喜欢你，而你又那么乖乖地坐在那儿，我看到了你的成功，我就像感觉到我自己成功一样……"吴秀波后来发过一个短信说："鹏儿，你现在境界真高。"

节目里，鲁豫问吴秀波："如果一切可以按照你的想法实现，你要什么就是什么，你希望什么样？"

"我希望慢，我希望懒散，我希望舒缓。"

鲁豫说："你慢不下来了，至少这几年。"

吴秀波想了一下说："别人找我拍，给我3个月，我自己弄一个戏，可以弄8个月，谁也不敢催我。"

没人知道那是随口一说还是思虑已久的计划。7年过去，吴秀波真的弄了一部自己的戏，时间不是8个月，而是奢侈和当下不可想象的333天。

别人按照效率最大化组织拍摄方式，他按照角色和情节的自然时间，蓄真实的须发，按人物成长顺着拍。这可能是横店近年来唯一还在顺拍的剧组。

这一次，吴秀波不仅做主演，还兼制片和监制。这样做"是为了在成本和资本层面更自主"。自主之外，还有当下行业里罕有的"任性"。

其间，黄俊鹏受邀前往客串徐庶一角。他回忆道："其他剧组一天能拍8页纸，秀波的戏就拍2页纸，每天到剧组先聊2个小时剧本才开始拍。其实秀波就想拍一个自己心目中的好戏，有质量的戏，但其他好多演员很着急，说'时间太长啦'，我还帮着安抚这些演员，我说：'我想演更重要的角色，秀波都没让我演，只让我演司马懿年轻时的好友徐庶，你们好好演吧，这戏值，肯定比你拍10个戏都管用！'"

合作方之一的优酷剧集中心高级总监许志敏曾去横店探班，他印象最深的是，有一场拍李晨扮演的曹丕退朝，现场因为不确定是先迈左脚还是右脚，大家就停下来讨论了很久，最后退朝加转身的这场戏就拍了大半个下午。

剧组创下的另一桩横店纪录是吴秀波大手笔给剧组安装了近100台立式空调。盛夏，横店棚内温度达到40℃，室内打上光，能达到50℃多，剧组演员穿的都是里外三层大古装，外面还有盔甲和毛皮，新装修的1000多平方米的宫殿又热又臭。

吴秀波回忆："人到那种程度，别说演戏，都不想活了，对生命都产生了怀疑。有一次我演了十几条，牛都热得不愿意走了。你再'资本家'，也不能这么干活。"

他提出装空调，其他制片人一听全部都傻了。但吴秀波从演员的角度思考，"编剧是在有空调的房间里写的，导演边上也可以有风扇或者冰块。最苦的是站在镜头前的演员。人在极度严酷的情况下，你的表演是无法达到一种特自如的可能性的"。

剧组终于凉快下来了。

吴秀波似乎想要竭尽所能地创造一个他标准系统中的戏剧"乌托邦"。

在经过早年那些靠演戏来养家糊口的奔忙年月后，在很长时间里，吴秀波已经将"表演"当成了自己余生的"安全岛"和"百忧解"。因为曾经"过过很多所谓无奈、清冷和落魄的日子"，吴秀波觉得"拍戏是很幸福的一件事"。他"不擅与人交流，与人谈话时不太敢看对方眼睛，30多岁了也找不到方式表达自己"。后来当他发现做演员的自己是一个能在"异度空间讨生活的人，可以在一个虚拟世界中找一个角色来生存、来表达自我"，他从虚拟空间里找到了现实避难所，也"最终找到和表演兴趣的缘分"。

在吴秀波云遮雾罩地与采访者谈论哲学、宗教、欲望、"笼子"的话语间隙里，他也曾经不止一次低回地表达着自己和"表演"之间的最终认定：

> 我是一个爱做白日梦的人，老天爷真的对我太好了。生活中的我一无是处。我老觉得自己像个寄居蟹，我不完美，我没有一个壳，所以，演戏特别好的是，我可以这几个月，活在一个特别强大的壳里，我会觉得非常的舒适和安全，这种幸福对我来说，真是让我流连忘返。

在做《军师联盟》前，他感到"如果再不做一个戏，不拍一个自己爱拍的戏的话，我连'忘忧'，都可能没有了"。

丢钥匙找钥匙

2017年8月22日下午,方家胡同里一处艺文展览空间外的露台上,被十几个工作人员围在狭长通道深处拍摄照片的吴秀波,似乎有点焦躁。他的经纪人敏锐地觉察到他的不适。

"我们清一下场好吧,人太多了,太多了,紧张,影响状态。"经纪人把一半的人请进了屋。等换到室内场景拍摄时,她突然问场地方能否提供音箱,因为音乐能让吴秀波放松和松弛下来。音箱还没找到,经纪人索性打开手机外放萧敬腾的歌。在摄影师换镜头的间隙,吴秀波跟着音乐唱出了声。

即便身处娱乐工业时代,但长久以来,吴秀波几乎从未与喧闹的气氛相融。在目前还在播出的明星真人秀《我们来了》里,他被评价为"最慢热的成员"。

吴秀波自幼就显得敏感而孤单。身为外交官的父亲常年驻外,两三年才能回家一次;在药店做财务的母亲,工作总是很忙。他一度被寄养在当时北京城郊的姨妈家。放学之后,他游荡在田野里,跟猫、鸡、马、蛐蛐儿、蝈蝈儿待在一块儿。更多的时候,一个人待着。

"那种承受孤单和独处的能力,是我童年一直不缺的。"等他被接回家,唯一的、永远跟着他的朋友,就是挂在脖子上的那把钥匙,有时候那钥匙丢了,他顺着河边找,找到天都快黑了。那几年他丢了好多把钥匙,到现在他最怕的还是别人给他钥匙。

他习惯了独处。少年时代,他常常逃课去日坛公园,溜达,看书,发呆,跟工人老师傅学武术。成年后,他说自己几乎"分分秒秒都在独处"。这种游离让他敏感。

"有的时候我在大马路上偶尔看到一个个子矮小的老太太,特别新奇地趴在椅子边上看着过往的汽车,我都会觉得,人好不容易啊。"

等吴秀波上小学后,大他5岁、同父异母的哥哥来到北京。哥哥特别爱学习并且享受学习的过程。每天早上都是哥哥晨读的声音把他吵醒。在他还迷迷瞪瞪的时候,哥哥已经背完了英语单词,开始背诵唐诗。曾经一度,他能够背出《琵琶行》,那都是在半梦半醒之间听哥哥念诵记住的。

但家里大部分时间仍很安静。父亲和哥哥都是话不多的人。在他记忆里,父亲极为沉默寡言,到现在他能想起来的两人说话的次数,不超过10次,在吴秀波的印象中,这10次里面有五六次,他都在尴尬地笑着。父子俩唯一的一次身体接触,来自一次比试掰腕子。

在更漫长的时间里,父亲总是沉默地背对着人抽烟。等到吴秀波多年后拍摄《北京爱上西雅图》时,他发现男主角 Frank 很像父亲——内心是春去秋来,日复一日。

但在少年和青年时期,吴秀波甚至觉得自己跟父亲"没多大关系","从小到大,我没有这样一个概念,有什么需要去问爸爸。他可能没有给我任何的指导,也不存在给我任何的误导"。

在人生的任何一个阶段,吴秀波都由自己来做决断。他曾去考过少年宫,但没被录取,因为不够活泼。高中毕业考中戏的事,也没有跟家人商量。

"有一天回来的路上,正好看到当时《北京晚报》上的招生简章,我就报名了。不知道是幸运还是什么,一试、二试、三试,最终上了。"

大学毕业进入铁路文工团话剧团后,他开始跟着师兄们坐着空荡荡的车厢去下路演出,每次回到北京都有新的变化:喇叭裤、蛤蟆镜、录音机、邓丽君、谭咏麟……吴秀波从平静、孤独的少年时代进入自由和自主的青年时代。

Rolling Wu

演员吴秀波已经很少在公共场合唱歌了。在为李健参加《我是歌手》节目助唱两年后,前几日,他又在湖南卫视真人秀节目《我们来了》中唱起了十几年前做歌手时自己创作的一首歌:《梦想的鱼》。

与现在安住于戏剧的"壳"不同,上中央戏剧学院的吴秀波对演戏没有太大兴趣,那时最吸引他的是当时刚兴起的娱乐方式:卡拉OK。当时的卡拉OK简陋到近乎茶话会现场,但吴秀波的演唱能力在那里获得了初步的认可。

1987年,吴秀波所在的铁路文工团话剧团的两三个大哥哥跟人合伙开了一家特简易的歌厅。因为还要有人报幕,他们就把他找去当主持人了。有天晚上,赶上有位歌手发烧,不能登台,他大着胆子上去唱了两首,效果还不错,此后他就转行做了歌手,一唱就是10年。

歌手沙宝亮如今向《人物》记者回忆时,还记得那时的吴秀波是"京城夜场一哥""纵横和平饭店、台湾饭店、大富豪这些最著名的歌厅"。那时两人常约着在友谊宾馆泳池游泳，沙宝亮说："哥儿几个都花枝招展的。因为那儿的美女特别多，秀波戴一副雷朋墨镜，我们都以看美女为主，以游泳为辅。"

"全北京城混夜店的都知道他，Rolling Wu。Rolling 是他的英文名。"高维那回忆道，"那时所有来北京玩儿的有钱人，都会去和平饭店听 Rolling Wu 唱歌。"

从小一直自己蔫着的吴秀波，在音乐和夜场里找到了前所未有的自由和成就感。他向《人物》记者回忆，登台时他会穿歌厅老板特意从香港为他买回的演出服，某一年的圣诞节，他收了上千束花，"每一束花是人家花50块钱买的，你收了再把它退给老板，可以赚5块。那是一个相当奇异和巨大的收益。如果你收到1000束花，一束花退5块钱，你说那是多少钱？5000块钱，几乎是当时一个高薪的人一年的工资"。

那时候，吴秀波在铁道话剧团的同事，每月才一百来块的工资。而他一晚上就能赚200块，其他歌厅的歌手大多七八十，最高的也超不过120块。

歌手黄格选回忆："那时的吴秀波不是歌手里唱得最专业的，但绝对是最讨女孩喜欢的。"

如同赴流水席似的，歌手们往返于三四个歌厅之间。为了方便来回穿梭，一堆歌手和舞者一起包车。戴军曾在接受《南都周刊》采访时回忆，那时他和吴秀波、满文军同在一家夜总会驻唱，每天要一起打车。一个冬天，他们打着车去大富豪歌舞厅赶场，一路穿梭小巷子，争分夺秒。

每晚唱完最后一场，大家开始约麻将。吴秀波觉得那时候太逗了："不想约女孩，就想约麻将，打得天昏地暗……睡到中午起床健身，你想多健康的生活啊。健身结束之后吃顿晚饭，然后开始上班。太洋气了，太洋气了！那就是过着诗人一样的生活，太美好了，太美好了！"

吴秀波在谈论20世纪80年代时带来了6小时采访中罕见的时刻。成为明星后吴秀波称"掩藏自我是我的心性"，但"表达自我"是他的"工作"，采访时他总是用时而抽象、时而缠绕的语言构筑起一道密不透风的屏障。

但在这个北京夏末的下午，坐在方家胡同这个艺文空间卡其色棉布沙发里的吴秀波突然变得兴奋起来，罕有地将这道屏障打开了一丝缝隙。他没有节制或警觉地收起谈话兴致的意思。他的经纪人则露出难得的笑容，坐在对面叹道："真是很久没听他讲这些事儿了。"

歌厅里的一些观众后来成了吴秀波最早一拨的影迷。她们在贴吧里回忆道：年轻的时候，他走路的姿势是那种有点"垮"的劲儿，好像无时无刻不是躺在"懒骨头"沙发上似的。

在刘蓓眼里，那时的吴秀波永远一个状态：吊儿郎当，对钱没有概念。

有时没有地方睡觉，他也会跑去刘蓓家。刘蓓说："首先一进门他是饿，得吃，吃完就看电视，要不然就是约其他朋友过来打会儿麻将。打会儿麻将然后散了，可能睡完一觉，你也看不见他人哪儿去了。"

仗着一个月一万多的收入，晃晃悠悠的吴秀波，敢去全北京所有的餐厅吃饭。最多的时候，他身边能围着30多个人。

"什么'五花马、千金裘，呼儿将出换美酒，与尔同销万古愁！'"

他本来窝在沙发里的上半身突然坐了起来,脸上显出过去一周两次采访和两次观察时都未曾出现的音量和大笑。接着他扬起下巴冲门外甩了几下:"你们去打听打听!你问问黄格选,你问问韩红,你问问韩磊,你问问满文军,敢说不认识我吗?我比他们看着都更偶像一些!我比他们都更鲜肉一些!我那个时候才叫京城阔少呢!而且是文艺阔少!"

吴秀波觉得:"最牛的就是钱都花掉了。那个时候你如果要把钱攒下来,得后悔死了。我有一个朋友攒下钱来,给他们家买房子、买车,真攒下了,现在后悔死了,因为他现在在做房地产,也挣不少钱,他老说,你说那时候我为什么不把那些钱都花了?"

那一刻,吴秀波暂时离开了演员和明星的外壳,无比欢快地溜回了年轻时在歌厅唱歌的黄金时代和那座"无忧岛"里。

"那个时候的情感,我认为比现在好多了。"他难得地与坐他对面的人进行了眼神接触,"那个时候就是,喜欢一个人不是因为你有房有车,真的是因为那天下午阳光很好,你穿件白衬衫,那个时候的情感干净、简单、自然、天生,太美好了,太美好了;而且那个时候没有所谓的因为分手吃亏的愤恨,没有。因为那个时候,所有年轻人心是真正年轻的,是真正不思退路的,是真正勇敢的,是真正没有如枷锁般两人对立,好坏不分的。时光荏苒,忽然间变得愚蠢至极,我也不理解。非常美好的20世纪80年代,梦一样的时代,一去不回。突然就没了。人类就是由于大量资源的涌入,开始积攒或者与别人拼夺剩余价值,这时候,那些美好的时代也就结束了。"

余晖散去

就像一扇门突然关上，20世纪80年代的余晖消散了，而面前即将在2019年进入50岁的明星吴秀波，也突然收起了谈话的兴致。

进入20世纪90年代，中国流行音乐进入唱片工业时代。吴秀波突然发觉，某一天开始，大家一个接一个离开了歌厅，出现在了晚会上，还有一些人参加歌唱比赛，找到公司签约，完成包装，从夜里到了白天，从歌厅进了电视，"一类是早期的歌手，一类是后期的唱片歌手，简单来说就是电视群体和歌厅群体，两个群体也开始出现了群体间的不齿"。

吴秀波第一次感觉到自己老了。那是1998年，他已经从20岁唱到30岁，身边的同行换了一茬又一茬：满文军、韩红、潘劲东、沙宝亮、黄格选、黄觉，一个个都离开了，"人会有某种生理年龄上的怯懦和自省，就是当你年龄一到了30岁的时候，恰巧赶上那个时代结束，你突然间觉得，哎呀，不是说你客观上不能在这儿混了，而是你心里有一个声音在说你不能再这样了。"

吴秀波又在歌厅辗转流连了几年。不离去，他认为"不是不能，是贪恋"，他依然"觉得我很富有，我是一个浪漫的诗人，我是一个游走在北京东南城的少年，我不屑于像他们那样，我就想在歌厅继续唱"。但也有旧友回想那时吴秀波的选择，"他认为他是不世俗，就是我不想追名求利，我这样是OK的。但我认为这是软弱，是那种害怕，是退却"。

歌厅渐渐开始关门了，歌手的数量渐渐变少了。他想要暂时逃离巨变中的北京，匆匆南下广州。戴军曾在2012年的一档综艺节目里回忆,歌手孙浩曾在广州夜场当"总管",负责面试歌手。吴秀波和杨坤都去面试过,但都被孙浩给刷下去了,因为"年龄比较大"。

之后,吴秀波又去了广州另一家夜总会,那时同是歌手的周迅还没北上。某天夜总会突然来了20多人,"他们认真看着周迅表演,唱完就把人带走了。后来这些歌手才听说她是被陈凯歌找去演戏了"。

1993年,他又逃去了昆明,在一个朋友开的娱乐城驻唱。那时的昆明有一种通宵放映的电影院,每天晚上大概会放映十来部电影。到昆明的第一个月,吴秀波整夜整夜地待在电影院里,或是到昆明郊区的山上骑马,每次付给主人几块钱,就可以骑着马漫山遍野地去晃荡。

等一两年后再回到北京,吴秀波感觉"更加不行了"。人过三十,身体开始发胖。甚至有时是有意的,他将自己"吃"到了170斤。

他曾有很长一段时间不打开电视,活得太在意,极其要面子,于是宁可不做这一行。他开始开美容院、开饭店,但经营什么都不赚钱,反而卖店能赚钱。吴秀波最擅长就是卖店,他的朋友这样形容他天生就是一个演员,演什么像什么。来谈买店的人有大学生,有做生意的,有一直干这行的。"他遇到什么人就演什么,有的时候戴眼镜,有的时候穿风衣,人问为什么要卖店啊,他说要移民,一会儿加拿大,一会儿澳大利亚,就各种想辙,结果都卖掉了。"高维那回忆,"现实生活中,但凡遇到让他发怵的事儿,他就努力把自己装成另一个人,以表演的姿态去应对。他是一个演员,从根儿上就是。"

黎明之前

2002年，刘蓓接到了一个电话。

电话来自吴秀波。在失联两年后，他们又巧合般地住到了同一个小区。这一年吴秀波结了婚，并做了父亲，不再只是为了自己而活。电话里，吴秀波告诉她："我没有钱吃饭了。"再见面，刘蓓被他外形上的变化惊呆了。"非常胖，我想，年轻时候的那个男孩哪儿去了，你看不到帅了，就只看到一个让自己随波逐流的男人，可是那个时候他还是很年轻啊。他用他的无所谓来掩饰他的有所谓。他身上依旧有放浪形骸的东西，又非常孤独忧郁，甚至有些极端和抑郁。他也非常脆弱，晃晃悠悠到30多岁，用玩世不恭的态度逃避一切。"

刘蓓开始督促他去减肥，而且"必须要工作，必须要让自己忙起来"。她说："如果要帮一个人，不可以说我给你封个红包就好了，而是真的要把他拽起来。"于是，刘蓓找他来给自己做了经纪人。

吴秀波记得自己基本没有为刘蓓签过成功的合约。唯一让刘蓓印象深刻的是有一次去深圳给周杰伦颁奖，"那是他作为经纪人给我接的最漂亮的一单，此外就没了"。

曾有媒体写过那时的故事，刘蓓自己去谈生意，吴秀波拎着包跟在后面——当《人物》记者向刘蓓求证时，她笑了起来："你以为他会拎包吗？真的不是他拎包……可能有什么稍微正式一点的场合的时候，他可能做做样子，假装拎个包，其他时候，他是一个甩手的经纪人来着。"

有了儿子的吴秀波，对工作和经济来源有了前所未有的需求。刘蓓觉得经纪人的收入，短时间也改善不了他的生活，于是试着推荐他去剧组演戏。刘蓓当时的丈夫张健跟吴秀波也是非常好的哥们儿。2002年，两人为了帮助吴秀波这个"弟弟"，特地成立了一家公司，请了傅彪、冯远征、丁志诚、牛莉、陶虹等十几位大腕儿一起来捧吴秀波主演的刑侦剧《立案侦查》。

参演来"抬"他的其他演员都是实力派，吴秀波青涩的演技让导演很不满意。导演打电话给张健，要求换男主角，说："要不然这戏就完蛋了。"但张健非常讲义气，说不换，并安慰吴秀波："没事，这是咱家的，拍不好，咱再拍一个。"

这是吴秀波作为新演员的第一年。那一年他已经34岁。

在生存面前，那几年，他最大的任务是减肥。那个时候，别人会说："你瞧你这年龄还演戏，你还能演吗？你看人家都多年轻、人家多瘦啊，那你唯一要做的是先要跟别人拉平，拉平这个差异你是需要付出代价的。"

吴秀波从170多斤减到了126斤。那期间，有两三个月的时间，他在两个剧组跨着拍戏。减肥令他感到抑郁和了无生趣。而到晚上，他会"梦到无数吃的，最多梦到的是鱼"。当时有几天，他的身体变得极度虚弱。一次感冒，他高烧不退，大夫说如果再不吃饭的话，什么药都治不好了。

但在那样的极端状态，人也不是马上就能吃得下食物的。看完医生的当晚，吴秀波已经站不起来了。他晕晕乎乎地晃到洗手间打开灯，照镜子的时候——"我突然看见我爸了，所以你们知道我爸到老的时候有多瘦吗？那个时候我才觉得，哎，我跟我爸长得还是有点像的。"

在张健和刘蓓的帮助下，吴秀波拍的戏渐渐多起来。从 2003 年到 2014 年，跟他合作了 5 部戏的导演杨文军，看到了作为演员的吴秀波的变化。

杨文军印象最深的是 2003 年，吴秀波来试镜《非常道》的反派一号。"特别有备而来，平时都是穿得比较随意，但那天西装领带搭配大衣，戴了一副金丝边眼镜，完全就是穿成了戏里那个人物"。后来，杨文军才知道那个时候吴秀波很拮据，那一身东西全是跟张健借的。

吴秀波和黄俊鹏的友谊，也是从那时在青岛拍《道可道》《非常道》时开始的。两人常常在饭后一起走路减肥。那时的吴秀波已经对表演产生了兴趣。黄俊鹏回忆道："拍完戏，我在外面跟张健喝大酒玩儿的时候，秀波总在后期机房剪片子，把他所有前期表演不足的地方，在后期全部要找回来，非常用心和用功。"

时间到了 2008 年，吴秀波已经拍了十几部戏，生存和养家糊口不再是问题。但另一方面，他觉得自己也快被掏空了。他对自己的表演模式丧失了信心。整个 2008 年，他没有拍戏，拒绝了很多剧本。

黄俊鹏记得那一年，基本上每个礼拜，他们都要爬一到两次山。经常白天在公司开开会、聊聊天，下午四五点钟就去爬香山了。最开心的就是从香山爬三个小时下来之后，直接开车到顺义吃个柴火烧的铁锅鱼贴饼子。

那时候吴秀波已经爱上跑步。曾经有一段时间，他每天从住的亚运村跑到天安门，然后再打车回家。

在漫长的蛰伏和等待中，机会来了。

2009 年，导演刘江打算拍摄一部叫作《黎明之前》的谍战片。

他本来想找一位一线男明星来饰演男主角刘新杰。但后来因为剧本延期，男明星的档期错过了。于是投资方向刘江推荐了42岁的"新人"吴秀波。这之前，刘江根本没有看过吴秀波演的戏。

然而第一次见面，刘江就觉得吴秀波更适合他心目中的那个刘新杰："刘新杰身上的那种阴柔、有点颓的气质，跟他当时特别贴合……说白了，我当时，最理想的人选是梁朝伟，就应该是那种样子。结果，好，生活中来了这么一个。"

但吴秀波看了本子之后有点犹豫，他觉得人物有些"被动"，本来想推掉的，但最后还是进了组。

整个拍摄中，吴秀波的犹豫让刘江印象很深。"我记得快拍完的时候，他有一天突然特认真地问我：'刘老，我怎么觉得我这角色没什么动作，这事就快完了呢？'"

吴秀波所说的男主角"没什么动作"，在刘江看来"可能是一种错觉。我是觉得他可能会觉得这次演得有点太放松、太松弛了，因为这个剧的人物结构是其他人物、其他所有情节都在为刘新杰服务……之前有很多事已经帮你办了，所以演的过程中，你没有觉得有'动作'，不代表这个人的危机感和这整个戏的张力都不够"。刘江回忆，当时他这样跟吴秀波说，让他宽心。

吴秀波觉得这次演得有点太放松了，跟过去的表演方式都不太一样，"没有那么满和用力"。有一场戏，是刘新杰在弟弟牺牲后，去郊外送别即将前往解放区的弟妹。吴秀波一共演了两条，刘江看完都哭了。但剪辑的时候，刘江坚持要用第二条，吴秀波想不通。

"第一条情绪多饱满啊！"吴秀波这么跟刘江说。刘江回道：

"我说秀波,你一定要信我的,一定要用第二条。你要留几分,留给观众,你不要给得太满。"到后期,吴秀波完全领会了刘江这部戏的导演风格。大结局那场戏是林永健饰演的哥哥跟弟弟刘新杰分道扬镳。刘江至今记得,那天光线非常漂亮,"林永健演得很动情,眼里流着眼泪,但是秀波选择更内敛的表现,就是几乎是面无表情,我觉得特别好",刘江当时就跟旁边的摄影师感叹:"你看吧,新偶像诞生了!"

但那时,从2008年起开始陷入自我怀疑中的吴秀波却在想,这个戏播完了,他或许会失业,"因为可能没有人这么慵懒地演戏,或者不表达地演戏"。

黎明之后

2010年10月,《黎明之前》播出。一位豆瓣网友在当月评论道:这个吴秀波要火。3年之后,他再次评论自己的老帖:果然被我料中了。

如何形容吴秀波在《黎明之前》后的"红"呢?他说接下来的2011年,他做了200多个采访。

像是一个双重隐喻,他的生活和事业都走进了黎明之后的光明。相隔20年,曾经的北京歌厅与夜场风华最盛的歌手Rolling Wu,在2010年因演戏成为中国演艺圈中最受瞩目的成熟男演员。在盛大和速朽的名利场里,他又一次凭借技艺、脸蛋、灵魂的交换和售卖,获得了广大人群的爱慕。那一年,他42岁。在他所身处的生态环境里，像他这样能够在两个时代、两个声色表演领域里都留下醒目的个人坐标，并在40岁以后再次成为真正意义上的大众明星的艺人，屈指可数。

在《黎明之前》播出的两三年前，黄俊鹏记得他还调侃过吴秀波和王宝强。

"我说，秀波，你不是明星，王宝强是，为什么？我把你的照片拿出来，人说'哎哟，这小伙子挺眼熟的，演过不少戏，他叫什么'，我说'叫吴秀波'，'哦，对对对，好像是叫什么波，这哥们儿挺会演戏的'，是这种状态。但王宝强是个明星，因为所有人都知道他的名字。"

黄俊鹏记得吴秀波听完后，意味深长地说了一句话："鹏儿啊，你知道吗，其实做一个业内资深的演员非常自在，你又有戏拍，收入也不错，而且你还比较自在，没有那么多人盯着。而作为一个明星，你得把你的私生活拿出来让大家娱乐，所有人得盯着你，多累啊。"

黄俊鹏附和道："有道理啊。"但是没想到吴秀波很快就成了明星。

黄俊鹏记得吴秀波刚"红"时，有过短暂的飞扬和"快感"。他曾陪吴秀波一起去看母亲，"他的司机在前面开着车，那时候我们感觉到一个意气风发的秀波……他说自己觉得现在过得特别开心，因为戏也很好，各个方面都很好"。

但很快，两人下楼遛弯儿都会有七八个人上来要签名。吴秀波开始希望能"找一株隐身草，随身携带，在路上走着走着就不见了"。

他必须接受"被看"，接受不间断地向外界解释、表述和总结自我。他曾一度不能与采访方步调一致，认为自己有严重的"人际交往恐惧"，并且至今坚信"人之间产生真正的沟通很难。因为交流不解决问题，只会产生越来越多的问号"。他拒绝向媒体输出一种稳定的人设，"现在面对采访，有的时候我以为就像来家里吃饭……你到我家，赶上我吃什么就吃什么，今天我心情不好，你就听我发牢骚，今天我特高兴，你就听我唱歌"。在他接受主持人何东采访时曾经这样剖白。

但是他尝试着与明星身份和解。

被采访多了，他渐渐找到一种与记者聊天的方式。他像演戏一样想象自己在一个暖和的下午，坐在山清水秀的地方晒太阳，而对面的采访者可能是能说到一块儿的"老人"，也可能是老提他不乐意回答的问题的"孩子"。一旦碰上频率不对、交流障碍，他就挑选对方话里他感兴趣的某一个题目，"把那个话变成自己问自己，然后自己跟自己聊"。

这样的生活是矛盾的，在接受《人物》记者的采访时，他剖白自己的状态："我依旧喜欢自由散漫，依旧喜欢提笼架鸟，甚至依旧冲动而愤怒。但是这些东西好像在一瞬间就都不被允许了。不仅所有的报纸、杂志说这些不允许，经纪人也说不允许，然后你就开始做另外一个功课，开始慢慢适应这种生活。这种生活，我直到今天还在适应。"

在第一次采访当天，吴秀波先是从上海飞回北京，航班延误了两小时，下午5点到7点之间出席粉丝见面会，8点到10点又要接受采访，第二天一早7点，他们又要再坐高铁、汽车，辗转前往湖南录制综艺节目。

他显得疲惫不堪，先是喝了一杯咖啡，但仍旧很难打起精神。作为明星的吴秀波和真实的吴秀波又发生了激烈的冲突："就像此刻，我们正在采访，我有一个念头，我想抽烟；但可能又有一个念头说这是采访，你不应该抽烟，为什么不应该抽烟？你应该在意自己的形象，这样你才有可能获得更好的角色。然后一个我说不在乎我的形象有损伤；另一个又说不不不，你是一个很好的偶像，你不应该抽烟，你抽烟会影响到别人……难道我要欺骗别人说我不抽烟吗？所以在这里，我会产生巨大的矛盾感。"他极快地讲出这缠绕纠结的一大段。

然后，他长出一口气，注视了一会儿地面，像是突然做出某种决定，他抬起头望向镜头，说"明年我就 50 岁了，也许我这一生不能对所有人诚实，但一定要对自己诚实，来吧"，坐在反光板下和摄像机前的吴秀波，越过面前的一排围观者，向不远处的助手摊开了右手，"给我拿根烟吧"。

自由

关于抽烟，杨文军记得 2003 年左右，吴秀波自己从来不带烟。请客吃饭的时候，也都是其他朋友掏钱，"那个时候他真没钱，他要养家"。

他发现吴秀波"红"了之后最大的变化就是："以前他老蹭我们吃的、蹭我们喝的，红了以后，他真的开始请我们吃饭了。再后来，我们吃饭几乎全是他买单了，他永远是偷摸抢着买完了。"

不过，当年蹭朋友的，吴秀波从来都很理直气壮。在杨文军看来，他根本就没有金钱的概念。

除此之外，杨文军发现他还有一个特别明显的变化："他红之前，我们俩拍戏经常'打架'，就是吵得很厉害，因为他有的时候特别固执。我那时候跟他急过好几回，真的是开干。但是后来他真正红了之后，我反而觉得他变得特别谦和，我们俩也很少吵架了。"

在刘蓓看来，吴秀波从来没有为"不红"焦虑过，"他是一个特别自由的人。那种孤独、忧郁的气质，其实到现在都还是有的。我相信他是不会变的……但实际上我觉得他会越来越孤独。也可能他拍几年戏转身去玩别的了，也可能他痴迷于演戏成戏疯子了，反正滚滚红尘带不走他满脸的羞涩。所以我现在想，对于他的红与不红，对于他的其他一切，哎，可能这次（指《军师联盟》的火爆）之后，他会更不在乎了吧。"

而这之前所有曾经的晃荡、发呆、逃避、拖延和沉沦，"都不是浪费……我们看不到的也不知道的那些他的思考、观察还有经历，这对他来说都是为后来做准备。他是娱乐圈的边缘人，身在其中又身在其外"。

对于物质，朋友们发现吴秀波近来的选择和态度似乎更"自由"了。

2014年，吴秀波和导演杨文军拍《离婚律师》。拍到最后，主创对大结局都不太满意，但投资方觉得已经很好，也来不及改了。杨文军记得吴秀波跟投资方纠结了很久，还发了一封长信给对方。他特别大方地提出："之前整个戏超期得很厉害，如果对方同意新结局的方案，超期的钱他一分不要。"

吴秀波仍没什么物欲，黄俊鹏说："《黎明之前》爆红之后他就买了一辆路虎，还说是咬着牙买的呢。你看演员都有大房车什么的，他就自己买了一个别克商务，还跟我说，那车特别好，又便宜，真好用。之前好像还买过一辆GMC，用了两部戏就卖了，他说又招摇，还高，每次都得爬，不舒服。"

比起10年前因为想赚钱养家而仓促开始的演员生涯，如今的吴秀波已经将演戏看作"和活着一样重要的事"。

《军师联盟》还没拍完的时候，张永新记得有一天吴秀波来他工作室聊天。

"一进门他就感慨：这回于和伟大发了！我说怎么大发了，他说演得太牛了，这回他要爆。他说有一回他有工作，回北京待了十几天，再回去的时候发现，不对，全组的工作人员和演员看见于和伟都绕着走，因为他那个人物当时已经是曹操灵魂附体了。他说'我看他的眼神都觉得邪得慌，害怕，知道吧'。他连说'糟了，糟了，完了，自己得赶紧加油了，要不然追不上他了'。"

就这样被起起伏伏的时代和生活推挤着，吴秀波幸运地再一次为自己找到了一个可以提供安全感的"躲避岛"和一张能让他继续自由游荡的"壳"。

"演员对我来说，是个非常幸福的行业。所有的人以为演戏的人是骗子，他们在虚伪地做一些表演。大家可能不知道，演员在生活里可能是个骗子，但在银幕上、荧屏里，他是个说实话的人——因为银幕上更安全。"

从这个意义来说，吴秀波自认是一个"非常幸运的人"。

演员的"壳"让他"在生活惶恐或者觉得无趣的时候有一个地方可去,因为只要我进入一个戏剧、进入一个角色,我的现实生活就变得不那么重要了。一旦你进入角色,完完全全地被那个角色的那段经历所带动和专注,而同时那里面又没有所谓的风险,只有情感的宣泄和态度的表达,那确实是一个能养生救命的地方"。

这也让他每次到了杀青的时候,都会很失落,"因为每次我花掉两三个月的时间,住在这个角色的身体里生活,突然间一停,我会有留恋的感觉。之后进新的组,就等于你的精神在搬家,搬家总归还是不太喜欢"。

白杨树叶

即便已经找到了安身立命的第二副"壳",吴秀波依旧无比留恋在歌厅唱歌的岁月。他幻想过要抱着吉他出没于各个酒吧,到老了,有一天醉死在从这个酒吧到另一个酒吧的路上。

2017年春节后,当年北京四大夜场之一的大富豪夜总会老板白平,联络了几十位当年在歌厅唱歌和跳舞的老朋友一起聚会。戴军后来在自己写的文章《我就在你身边》中回忆,大家一直喝到了凌晨一点。那天晚上,吴秀波看着这些20年前一起闯荡北京的朋友们一直在流泪。

"老戴,你知道吗?这些年,虽然我挣得比较多,但是我不快乐!我最快乐的时光,是你们陪我一起过来的那段日子,那个时候我可以肆意享受生活。看到你们,我又开始怀念那段时光了,你知道我有多快乐吗？"吴秀波抱着戴军说。

午夜1点，大家都已经半醉，有人说：散了吧！

吴秀波举起杯对大家说："今天一晚上，各位拍了许多照片，也录了很多视频，包括各位服务员，你们也一直都在拍，在这儿，我求大家一件事儿。"

戴军想："哟，终于回过神来了，是要我们删除吗？"

吴秀波说："明天，我给各位一个邮箱，请大家选择拍得不错的，发给我。我会用在我新剧的片尾，做成彩蛋。"

吴秀波曾经和刘蓓一起出演过电视剧《嫁衣》，在一场戏里，吴秀波通过剧中那个酷似他早年浪荡经历的男主角之口，用一段自己构思的台词，表达了对刘蓓多年帮助和提携的感恩之心。

那是《伊索寓言》里一个关于蛐蛐和蚂蚁的故事：

秋天的时候，所有的虫子都在忙着自己的事情。蚂蚁在拼命往家里背着过冬的吃的东西。蛐蛐呢，特别闲散，坐在路边弹着吉他，给过路的虫子唱着自己的歌儿。转眼冬天就到了，在一个特别特别冷的夜里，下着大雪，蛐蛐去敲蚂蚁家的门，蚂蚁打开门一看，就问蛐蛐："你有事儿吗？"蛐蛐说："你能给我点吃的吗？我太冷了，我如果再不吃点东西的话，我就会被冻死。"蚂蚁说："秋天的时候你干吗去了？"蛐蛐说："秋天的时候我一直在唱歌。"蚂蚁说："那你还唱歌吧。"蛐蛐没有办法只能掉头走了。就在那个特别冷的夜里，蛐蛐被冻死了。

蛐蛐又被叫作秋虫。

"秋虫"吴秀波，似乎依旧游荡在20世纪80年代的"lalaland"中。那里是青春、本真、无功利、千金散尽还复来的过去的好日子。曾经，他像那只故事里的蛐蛐一样，光顾着唱歌和浪荡，差点儿饿死在冬天。

在之后的岁月里，他曾经在一次接受主持人马东采访时说："推着你走的根本不是你自己，有时候你好像要装扮成另外一个自己，不停地在别人眼里努力工作，其实自己也不明白干吗要这样。我就是那个努力想让自己明白，为什么要成为一个被一个东西推着走的人，然后我就是不想走那么快。"

吴秀波说："在现实生活中，持有蛐蛐世界观的人，得以苟活已经很幸运，基本上在《伊索寓言》里不得善终。那时候，刘蓓可能也跟我说，你应该过好点，应该像蚂蚁一样去搬粮食，可我终究知道我不是那只蚂蚁。"

在近20年的老朋友黄俊鹏眼里，吴秀波对离开"中心"的欲望，一直都存在。

"最好是自由自在地把自己吃成一个胖子，不用去节食，不用去减肥，"他曾跟黄俊鹏提过，"鹏儿，以后老了，我们哥儿几个一起去森林里玩儿，侃大山，吃烧烤，晒太阳。"黄俊鹏去帮他客串《军师联盟》的时候，有天，吴秀波就跟黄俊鹏和来喜说："过两年，你们会看见，海滩上有一个戴墨镜的大胖子，那就是我。"

秋天是吴秀波最喜欢的季节。

只要双脚还能游荡在北京的大马路上，他就知道，那种从他少年时代起便已经熟悉的声音和气温又快出现了:"那是北京临近秋天的时候,白杨树叶的响声,正好是夏末,还有些暑气,那个时候不管你走了多长路,或者在一个空寂的屋子里望着外边的树,或者在一个公园的角落坐在一棵树下,北京的杨树很多,白杨的叶子在临近初秋的时候开始慢慢地丰满,那个时候风吹过来以后,整个树叶像在拍手,对,然后尾随着一阵风过,就好像有人在为你这一个下午和你的生命在鼓掌。那个时候你就会变得格外安静,而且那个时候的风虽然热闹,但已经没了暑气,空气里弥漫着一种暑热退去,而略带秋天孤单、成熟的味道。我们走在所有的路上,走在约女朋友的路上,走在从哪个地方下班的路上,从哪个地方上班的路上,走在所有的路上。走在所有看不见未来但也不牢记过往、没有太多的财富、不恐慌不青涩,以及可以随时付出情感的路上。"

孙杨：划过蓝色的孤单

○
○
○

文 | 顾玥玥 编辑 | 王晶晶

中国男子游泳项目在世界大赛上获得的十几块金牌中，10块是由孙杨拿下的。他是1500米男子自由泳的世界纪录保持者，并且在里约奥运会上又获得了200米自由泳冠军。在此之前，世界上从未有人跨越过从短距离到长距离的鸿沟，同时成为这两个项目的冠军。

突破

2016年8月7日，里约奥运会首个比赛日，中国代表团无一枚金牌入账。其中最令人叹惋的比赛是男子400米自由泳。决赛中，孙杨以0.13秒的微弱劣势败于澳大利亚选手霍顿，铺天盖地的国内媒体标题都写着孙杨"痛失金牌"。

对于这样一位运动员来说，拿到银牌就意味着失败。400米决赛后，孙杨哭了。衣服还没换上，孙杨伏在采访区一位中国记者的肩上哭得整个人颤抖起来，泪水打湿了记者的衣服。

"一下脑子转不过来，起来以后特别难受，四年一届的奥运会，我这么可惜，输了0.13秒，真的就是微微的一小截，真的是一点点。"奥运会结束3个月后，孙杨对《人物》记者说，大手举起比出一小点的手势。

孙杨是男子1500米自由泳世界纪录的保持者。2012年伦敦奥运会，他拿下男子400米自由泳、男子1500米自由泳冠军，成为中国男子游泳第一位也是目前唯一一位奥运冠军。中国男子游泳在世界大赛上至今共获得过十几块金牌，其中10块是孙杨拿下的。

奥运会和世界锦标赛的个人金牌数，孙杨名列泳史男子第三，仅次于菲尔普斯和罗切特。他是亚洲第一位获得世锦赛MVP（Most Valuable Player的缩写，即最有价值运动员）的游泳运动员。

2015 年，孙杨成为继菲尔普斯之后历史上第二位蝉联世锦赛 MVP 的男子游泳运动员。国际游泳联合会主席胡里奥·马戈里奥内曾评价孙杨是"伟大的泳者"。

在孙杨哭泣的同时，赢得比赛的冠军霍顿却在采访中发声："我不知道这究竟算不算是一场真正的体育竞赛，尤其是比赛中有运动员曾经有禁药服用的历史。" 2014 年 5 月 17 日，孙杨在全国游泳冠军赛 1500 米自由泳决赛中药检呈阳性，后召开听证会提供证据证明因治疗心肌缺血病症无意中使用了禁药，最终判定误服，禁赛 3 个月。

霍顿的发言一爆出，中国网友愤怒了，大批网友在霍顿的 Facebook 页面下掀起一场骂战。身在里约的孙杨无暇顾及这些。这次奥运会孙杨参加了 200 米、400 米和 1500 米自由泳三个单项。游泳比赛日程紧张，400 米决赛的第二天一早就是 200 米自由泳预赛。

由于 200 米的赛事更加注重爆发性而不是耐力，不太符合亚洲人种的体能特点，之前还没有亚洲人在奥运会男子 200 米自由泳项目中夺冠。孙杨主攻中长距离，400 米自由泳和 1500 米自由泳一向是他的主项。他身高臂长，在中长距离中占尽优势，虽然转身和出发是最大的弱点，但他臂展惊人，划水一次顶一般选手两三次，前半段能保持不落后，加之长期训练长距离，耐力比专注于中短距离的选手好，最后冲刺的速度快得吓人。这让他在 200 米短距离项目中也有了突破的可能。

在长距离比赛一圈又一圈的较量与追逐中，孙杨有时会分心，总忍不住在换气的时候抬头看看两边的对手和自己的差距。但在短距离比赛中，分心是大敌，有时候只看一眼，半秒、一秒，冠军奖杯就没了。澳大利亚游泳巨星、长距离之王哈克特的导师丹尼斯曾跟孙杨说过一句话:"你的能力现在无人能比,在比赛中你只需专注自己的泳道,做好自己该做的,不要看结果。"

"在这个过程中,一定要调整好自己的心态,无论你是落后还是领先,其实就是按照自己的节奏去游。"孙杨说。

在400米赛事中与金牌失之交臂后,孙杨的启蒙教练朱颖曾为她的弟子捏了把汗:"对于200米的比赛其实我心里很毛,因为400米游泳赛失利,我觉得对他是很大的打击。"她对《人物》记者说。当时网上也有舆论认为,孙杨赛后痛哭,心理素质太差。

但经过这么多次大赛历练,在2016年的里约奥运会中,孙杨终于达到了应该有的专注程度。400米游泳赛的失利与霍顿的言论并没有干扰到他。第二天200米游泳赛的预赛和半决赛中,孙杨一路领先,并最终在2016年8月9日的决赛中摘取了200米自由泳的金牌。

"我对自己充满了希望,同时也是憋了一口气。"他说。

这枚金牌的意义曾被大众低估。在游泳项目中,长距离和短距离的训练有很大不同,长距离需要耐力,短距离需要爆发力,在孙杨之前,从未有人跨越过从1500米到200米之间的鸿沟,同时拿到这两个项目的世界冠军。

而且连续在两届奥运会上拿到金牌的游泳运动员,全世界目前只有三个人,一个是老牌传奇菲尔普斯,一个是美国的天才少女、20岁不到的凯蒂·莱德基,还有一个就是孙杨。

酸楚

对于孙杨和他的家人来说，2016年分外不易。年初的一场骨折几乎断送了孙杨的奥运之路。

在澳大利亚集训时，孙杨一早独自进行跳跃旋转的训练。跳着跳着，右脚落地没有站稳，脚向内侧翻，当下"嘎嘣"一声。

"我想可能会有问题，疼了很久，后来都麻木了，整个脚肿得很厉害，当时马上就用冰敷了，情况虽然看起来很不好，但我自己还是很乐观。去医院的路上想，应该不会骨折，自己还是很健康的，可能就是一些挫伤之类的。"孙杨说。在去医院的路上，他还安慰陪伴身边的母亲和工作人员。

到了医院，拍片之后，孙杨的右脚被确诊为第五跖骨疲劳性骨折。"医生过来说'断了'，当时我脑子真的一片空白，什么东西都没有，就想着——我骨折了。"当时离里约奥运会选拔赛仅有3个月不到的时间。孙杨懵了，在场的人都懵了，没人说话，所有人都不知道该怎么办。

孙杨的母亲杨明在澳洲集训期间全程照料儿子的作息起居，每天花六七个小时炖汤给孙杨补充营养。因为不会说英语，杨明当时坐在一辆黑色面包车里在医院的停车场等消息。听到是骨折，杨明放声大哭，她对身边的工作人员说："我真的想死的心都有了。"

杨明也是运动员出身，身材高大。采访现场，她低头指给《人物》记者看，发迹线周围一圈密密实实的白发，已经很难被染过的头发盖住。这都是2016年上半年孙杨受伤后瞬间冒出来的。

远在杭州的朱颖一听说孙杨的伤病情况，第一个想法也是：完了。"我说这还练什么呀，不用比了，回来吧。当时就是这种心情。"朱颖回忆道。

医生的结论是，起码6周以后才有恢复运动的可能。但骨折后的第11天，大年初二，孙杨自己决定下水。他的伤脚上戴着高分子支架，由工作人员背下楼，用轮椅推到泳池边，在水下练单脚转身和腰腹力量。每天一小时的训练时间，前后需要准备三四个小时，孙杨每天坚持。

骨折仅仅是第一关。孙杨身高1米97，由于骨折恢复期间双腿处于不平衡状态，左脚的受力点过多，导致左腿膝盖软骨退化，右边的小腿比左边的细了6.5厘米。2016年4月份的选拔赛前，脚因为在水中浸了太长时间，像海绵一样泡发起来，水肿特别厉害，完全不能用力。更让人胆战心惊的是，2016年5月20日，在复诊右脚的复原情况时，竟然又发现了一处新添的骨折——右脚第四跖骨疲劳性骨折。此时离奥运会只有两个月的时间。

但孙杨从未觉得自己不能去里约。一恢复训练，他就把训练的视频发给朱颖。视频中孙杨右脚在水中完全不动，只依靠单脚前行。"他说，'我还是会尽力，我还是要拿第一'。"朱颖说。受伤4个月后，凭借此前的训练基础，在2016年6月初的美国圣克拉拉站赛季中，孙杨一举拿下200米自由泳冠军，并创造了2016年世界最好成绩。

因为骨折，孙杨近半年没有转身蹬边和出发台起跳，这两项对他来说在比赛中几乎是致命伤。200米自由泳决赛那天，朱颖在电视前看直播。"在这种完全不利于他的情况下，从各方面心态来讲，400米失利了，又要去驾驭一个自己之前没有拿过第一的一个项目。

他的脚出发又不行，其实你应该看到他比赛的时候，他出发会比别人慢很多。他启动得比别人慢，他全都是靠后半程顶上去的，我觉得这是特别难的事。"朱颖是最初把孙杨带到泳池边的人，也是最了解他的人之一。"酸楚，"她说，"心里头酸酸的，太不容易了。"

伤病对孙杨的影响还是在之后的 1500 米项目中显露了出来。由于缺乏系统而严谨的训练，加上赛前感冒的影响，在 1500 米自由泳预赛中，孙杨排名小组第七，未能晋级。前半程，孙杨一直领先。过了 800 米，他感觉身体到了极限，"突然就感觉又没力，又发僵……觉得一口气憋在这里很难受。"孙杨指着胸口。眼看着对手一个一个追上来的孙杨触壁后，回头看了一眼自己的成绩，把头埋进了水里，久久不肯抬起来。

里约奥运会结束后，杨明接受媒体采访时，坦诚地说了孙杨备战奥运时的两次骨折。她说，之所以没在伤情发生的第一时间对外公布，是因为他们不敢说，也不想说。当时谁也不知道孙杨还能否正常参加奥运会，也怕说了会让对手得意。

但坚持游完 1500 米对于现在的孙杨来说有着比夺冠更重要的意义。"无论如何，我已经跳下去比赛了，我就得坚持把它游完，无论是成绩有 15 分好（游进 15 分钟），还是有 16 分好，最重要的是这个项目给人看的是一种精神和一种毅力。"

新世界

游泳向来不是亚洲人的长项。由于白人人种体能具有优势且训练条件好，长期以来，游泳各个项目的金牌多由澳大利亚和美国选手包揽。

2000年悉尼奥运会，澳大利亚选手索普穿着黑色连体紧身泳衣参加游泳比赛，如水中飞鱼一般夺下三枚金牌。研究表明，这种泳衣的纤维可以减少3%水的阻力。自此，这种被称为"鲨鱼皮"的新型泳衣风行泳坛。从2000年悉尼奥运会到2008年北京奥运会之间的这8年又被称为"快速泳衣时代"。进入2008年北京奥运年后，在2月中旬之后的6周内，泳坛诞生的16项新的世界纪录中，15项是由运动员身穿"鲨鱼皮"创造的。直到2009年国际游泳联合会在罗马世锦赛上宣布，次年开始将对这种连体泳衣实行禁赛。

在快速泳衣时代不断破纪录的狂欢下，只有1500米自由泳的世界纪录岿然不动。当时的世界纪录由澳大利亚游泳巨星哈克特在2001年日本世锦赛时创造。哈克特被称为长距离自由泳之王，统治男子1500米自由泳项目长达11年，直到孙杨横空出世。

快速泳衣被国际游泳联合会禁赛的那年，孙杨刚刚在国际泳坛上崭露头角。17岁时，无任何大赛经验的孙杨由于过于紧张，甚至在北京奥运会1500米自由泳决赛时忘了带训练泳裤。而在距此两年后的广州亚运会上，孙杨在1500米自由泳比赛中一举战胜了中国游泳老牌实力运动员张琳和世界泳坛的明星韩国选手朴泰桓夺冠。决赛中，孙杨甩开第二名朴泰桓26秒29。触壁之后，他独自在水中等待对手们的抵达。等着等着，孙杨哭了起来。朴泰桓一直被孙杨视为标杆和值得尊敬的伟大对手，当超越标杆的一刻终于到来时，孙杨哭了。

孙杨的成绩将原来的亚洲纪录提高了10秒多，距离哈克特保持的世界纪录只有不到1秒。而在计数精确到小数点后三位的游泳比赛中，一两秒的进步都可以用"飞跃"两个字来形容。

2011年，上海世锦赛。19岁的孙杨身穿普通短泳衣，以14分34秒14的成绩打破了1500米自由泳尘封10年的世界纪录，比原纪录快了0.42秒。在最后100米的恐怖冲刺中，孙杨几乎奇迹般地追回了比世界纪录落后的2秒。

游泳项目运动生物力学专家林洪接受新华社采访时曾提到，快速泳衣使人体在水中的身体流线型得到改善，"鞭打"动作时动量传递效果提高，人体更趋向于鱼的身体特性。被禁后，运动员的技术本体感觉和技术惯性延续下来，在游进过程中更加追求"平、直、尖、紧、高"的身体流线型，保持身体紧且有弹性，特别是躯干的紧以及臀部的高位。孙杨本来就符合这个特点，他入水流畅，抱水优雅，打腿节奏均匀，游得像一条鱼。菲尔普斯曾说，孙杨的姿势、划水动作几乎无瑕疵。

自此，属于孙杨的新世界正式开启。上海世锦赛后仅一年的时间，孙杨在伦敦奥运会上以14分31秒02的成绩再次刷新1500米的世界纪录。世界游泳名将波波夫评价，孙杨迄今取得的成就不仅对中国，乃至对整个世界都有意义。

如今，在颇受年轻人欢迎的弹幕视频网站bilibili上，孙杨2012年伦敦奥运会1500米自由泳决赛的视频已经积累了13.2万的点击量。如果你现在点开这个视频，画面上一层一层的弹幕写着同一句话"来看黄线"。黄线指的就是比赛直播时显示在泳池上方的这一项目世界纪录的速度。在视频中，20岁的孙杨追着19岁的孙杨，将那道黄线再次往前推了一点。

"就像很多网友说的，前面那条黄线就是我，代表了我自己，代表了中国游泳，代表了我们中国人。"里约奥运会后，孙杨在某电视节目中说。

这道黄线直到今天无人突破。

单纯的

2016年的冬训即将开始。"不想去澳洲了。"孙杨在去往摄影棚的路上对《人物》记者说。他戴着口罩，一脸疲惫。

澳大利亚黄金海岸气候温暖，泳池条件好，训练不受干扰，每天太阳5点升起，晚上8点仍是一片金黄。以往中国运动员都喜欢冬天去澳洲进行集训。但在以孙杨为代表的中国游泳新一代开始崛起后，澳大利亚禁止游泳俱乐部接收中国游泳运动员，丹尼斯也被禁止再带孙杨训练。里约奥运期间霍顿的挑衅也与中国游泳在世界泳坛的地位提升有关。

2016年初在澳洲集训时，孙杨几乎天天换泳池训练，打一枪换一个地方。孙杨不能接受歧视和不公正待遇。他不愿去澳洲绝不是因为怕苦。孙杨从不怕苦，他自己几乎不记得这一路走过来的苦，都是母亲杨明掰着手指一样一样算给《人物》记者听。

孙杨从幼儿园开始练游泳。那时，一起练的孩子都比孙杨年龄大，几十个孩子挤在一条水线上。开始时孙杨总被大孩子们欺负，抢他的打水板。

"200个小孩，后来剩了40个，后来剩了10个，后来剩了5个。5个当中4个女的一个男的。"杨明记得清清楚楚，女孩们年龄都大一点，仅剩的男孩就是孙杨。

十年如一日的训练，每天训练量是14～20公里，每年只有大年初一的早上才能休息。一睁眼就开始训练，一个来回100米，10个一组、20个一组，一组之内不能停。一闭眼就睡觉。第二天醒来，又是训练、训练、训练。

在讲求劳逸结合的科学训练方法出现以前，就是练、蛮练。参加军营真人秀《真正男子汉》时，孙杨跟教官半开玩笑地说："我的泳裤从来没干过。"

算下来，孙杨已经绕地球赤道游了一圈多。训练间隙他唯一的娱乐就是看电视剧。在每天训练结束后进行按摩放松时，孙杨趴在理疗床上，头伸进洞里，就盯着放在凳子上垫高的iPad看电视剧。

与此同时，疲劳和伤病慢慢积压，随着年龄增长渐渐都显露出来。在从酒店开往拍摄地的车上，《人物》记者问孙杨现在哪里有伤，孙杨从肩指到脚，几乎把全身都指了一遍。

孙杨生性好胜。《真正男子汉》严格遵守空军部队的训练，节目录制时孙杨刚拔了几颗牙，嘴里缝着针，进食都不太方便。但节目要求嘉宾趴在地上吃饭。杨明心疼儿子，对他说："你不如早点放弃，万一逞强，我担心你又添新伤。"孙杨说："除非我昏过去，否则我肯定坚持。"

这种好胜且坚韧的性格在孙杨小时候就明显表露出来。朱颖回忆，孙杨小时候也像其他男孩子一样顽皮，但只要教练的哨声一响，他立刻站直。"他也是属于特别爱动的,可能我在讲话的时候,他还可能要晃动两下,但是他这时候眼睛是看着你的……我说你要拼了啊,最后你要跟谁谁谁比赛,他会特别容易进入这种角色,他很喜欢跟人家斗,很喜欢跟别人比赛,他可能在那个点上他会觉得自己是很幸福的。"朱颖说。

孙杨从小练长距离游泳。水下是另一个世界,弥漫着蓝色的孤单。长距离中坚持到出成绩的人很少,佼佼者更是寥寥,一部分原因就是很多人忍受不了这种不见尽头的孤独。孙杨不是,他享受水下的安静。

孙杨曾跟朱颖聊到,他喜欢游泳池,喜欢简单的生活,不喜欢复杂的关系。"因为游泳很直白,就是一条直线,一个人来回游,所以游泳队的孩子相对会比别的小球项目的孩子都会简单,因为他不需要去算。每个项目都可以判定一个人的个性。"朱颖说。

里约奥运会结束后,孙杨像往年一样回到杭州找朱颖训练。朱颖的泳池里二十年如一日,还是满满的10岁的孩子。孙杨25岁,大高个子,仍站在队伍里认真游泳,认真要求教练表扬他。"我当那些小朋友的面表扬他,他就特别高兴。"朱颖对《人物》记者说,"我说:'其实孙杨特别棒,他奥运会回来还能这样训练。你们说孙杨哥哥好不好?'大家说他好,他可高兴了。"

朱颖经常跟孙杨排排坐,互相臭美,互相表扬。朱颖说:"我不管选什么,选人、选东西,都可以选到最好的,我的眼光独特。"孙杨说:"我觉得我自己这里好,那里也好。""他表扬他的,我表扬我的,然后孙杨表扬我,我表扬他"。

本质单纯直接的孙杨很容易对人袒露心迹。朱颖身体不好,出发去里约奥运会前，孙杨打电话给朱颖说："朱老师，我这次一定拿冠军。我拿到冠军回来后，你就不要再当教练了，有我就够了。"在第一次拿到世界冠军后，孙杨跟朱颖讲："朱老师，你看那些否定我的人他们都错了。朱老师，你认为我好，今天我就真的做到了。"

游到东京

接受《人物》记者采访时，孙杨刚结束真人秀《真正男子汉》的录制。因为连续被炮弹声轰炸，他有点耳背。但不同于一般耳背的人讲话会更加大声，孙杨反而将声音收得很小，近两米的个子，开口说话总是轻轻软软的，这跟他在泳池里的王者形象有很大反差。孙杨很乖，拍摄现场的女性工作人员，他一律称呼为姐姐，依次握手鞠躬致谢。

单纯的性格有时很难让人记起孙杨已经 26 岁了。游泳是个拼身体条件的项目。在 1500 米这样的长距离项目上，年龄优势分外明显，往年破纪录和夺冠者几乎集中在 19～22 岁这个年龄段上。近年来孙杨在中短距离上的训练量加大，加上奥运会 1500 米自由泳的成绩不尽如人意，很多人认为孙杨是要放弃长距离了。

"我认为没有所谓的黄金年龄。"

当《人物》记者将这种疑问抛给孙杨的时候，他举了 2008 年北京奥运会 1500 米自由泳冠军、突尼斯选手乌萨马·迈卢利的例子。迈卢利生于 1984 年，北京奥运会时的年纪和孙杨现在的年纪差不多。

"他（迈卢利）至今还在坚持公开水域的比赛和1500的比赛。他2008年拿完冠军以后，2009年在罗马依然创造了当时可以说是世界前五好的成绩，可以说还是非常优异的成绩。"孙杨说。

孙杨从没想过放弃任何项目，甚至决定在接下来的全运会尝试100米，向自己身高造成的劣势发起挑战。

"我觉得只要有一个更长时间的训练，我还可以继续练。因为我要游200米、要游400米，这些都是需要靠耐力支撑的项……所以我们以前有句话嘛，想要200米游得快，400米得游得好，想要400米游得好，你得800米游得好，你800米游得好，必须具备1500米的能力。就是以此类推往上推，如果说我放弃了1500米，可能我以后连800米也游不了。我可以多游一些项目，也就意味着——我可以为我们的团队、为整个中国游泳多贡献一份力量，无论是金牌还是银牌，它最后都会记录到你的国家荣誉当中。"孙杨说。

里约奥运会还未结束，孙杨就已经说他一定会出现在2020年东京奥运会上，甚至2022年的杭州亚运会上。

杨明心疼他，却也深知儿子倔强的性格，她只能在生活上把儿子照顾得更加周全。孙杨很小的时候，杨明听说孩子多睡可以长高，因此她常催着孙杨多睡。现在她经常挂在嘴边的话还是："你要游到2022年，那你睡觉要早一点。"

时间倒回到16年前。2002年10月，浙江省运会在温州举行。那年年初，孙杨却因一次意外手部骨折。那时孙杨10岁，手刚刚拆了石膏，朱颖就逼着他天天下水。孙杨说他不想练了，不想再游泳了，他太累了。杨明鼓励孙杨："现在放弃太没面子，大家都知道你要参加省运会了，现在回去，人家以为被退回去了对不对？那要我说，我们肯定要把冠军拿到了,才能回去。"

如今朱颖回想起来,那一年仿佛是里约奥运之旅的一次演习。

孙杨在参加的人生第一次大型游泳比赛上拿到了冠军,浙江省队的教练都抢着要他。杨明故意激他:"我们现在冠军拿到了,我们就不练了。"孙杨说:"妈妈,我要练。"

"算了算了,不用练了。"

"妈,我想到省队去。"

"既然你要去省队训练,以后就把这个当作你的事业一样的,对不对?那就是目标,你一定要坚持到底了,对不对?"

"对。"10岁的孙杨坚定地说。

黄轩：一个可能伟大的演员

○
○
○

文 | 安小庆　编辑 | 金匝

在33岁声名的第一次巅峰，黄轩，这个过去一直被从选择名单上划掉的名字，似乎也在临近过爆消费自己的边缘。同时，来自各方的凝视、想象、人设期待和粉丝文化，还能让他有足够的空间和弹性成长为下一个梁朝伟吗？

公约数

很难想象一个多次出现在中国第五代和第六代电影导演文艺片中的演员,能同时频繁地在偶像剧里饰演男主。

在近来越发怪诞和扭曲变形的影视市场里,不同类型的作品早已在用人审美风格和选角导向上形成了壁垒分明、互不相闻的两块陆地。

但只有一个人成了例外——他是黄轩。

你几乎能在每一个类型的当代电影和电视剧导演的选角名单上看到他的名字。他似乎拿到了两张截然相反的通关文书,能够同时通行于两块相隔遥远的大陆。其中一块大陆连着娄烨、许鞍华、陈凯歌、王小帅、曹保平、崔健等人的名字,而另一块大陆则连着流量保证者的名字。

实际上,更准确来说,黄轩跨行无阻的轨道还不止以上两条。介于两者之间的正剧,如《红高粱》《芈月传》,以及大众电影《芳华》《非凡任务》中,黄轩被各方看好和重视的程度不断增加。

在不同的鸿沟和壁垒之间,黄轩成了他们之间的最大公约数,是当下演员和明星中的几乎不可能但事实上已经存在的"独一份儿"。

2014年,是讲述"黄轩故事"的一个分水岭。

每一个明星，都有属于自己的不凡叙事和跌宕传奇。他们的生活方式以及过去的故事，同样能作为商品和人设的一部分，与演技或者魅力一起对外销售。比如关于周星驰的"疯癫"与严肃，梁朝伟的自闭与"戏妖"，周迅的"少女"与天赋，郝蕾的"桀骜"与"暴烈"。

到2014年，属于黄轩的个人叙事终于形成了第一圈闭环。这一年，他因为《红高粱》《黄金时代》《推拿》的播出和上映，在不同的受众群体中被熟知。

而在这之前的出道7年里，演员黄轩的经历大体上可以称得上是"被嫌弃和被换角的轩子的人生"。那一系列著名的被"辜负"、被拒绝的叙事，如同被拉开的弓箭，在后来反弹的那一刻，让黄轩的故事有了剧烈的起伏。

过去的2017年，被不少喜欢黄轩的人称为"黄轩年"。他主演的《芳华》和《妖猫传》几乎同时在年底上映，同时引发了难以止息的话题和讨论。在电影不景气的年代，人们已经很少能够看到一个明星同时主演的几部大银幕作品同时上映了。

黄轩的"资源"好到令人惊讶。这个从兰州来的北漂青年，是如何在不到10年的时间里，从被各方屡次拒绝的境地转换到被这个圈子全面接纳的现在？

腾讯娱乐的采访里，《芳华》导演冯小刚说，选择黄轩出演男主是认为"他没有被过度消费"，"他没有让自己泛滥"；《妖猫传》导演陈凯歌则说："黄轩，是一个比较少出现在公共场合，也不参与太多应酬的演员，比较低调，令人着迷之处就在于他的神秘。"

的确，在供给断裂的"80后"和"90后"演员群体中，黄轩确实是一个具有多方优势的演员。与年轻一点的四大流量小生、流量小花相比，他不仅有专业能力，还有敢于袒露的灵魂和毫不逊色的外表。与段奕宏、王千源、张译、秦昊这样的"70后"实力派相比，他又有年龄和一定的外貌优势去获得更多类型的角色。

观察家们在评论时有一个习惯——时常把现在的演员与过去的演员相比较。在黄轩的案例里，他经常被拿来与自己的偶像梁朝伟先生作比较。近年来，在贴吧、论坛、微博里，黄轩被视作"下一站梁朝伟"，他有一张有文艺气质、可少年可沧桑的脸，纯中带欲。

但现在的黄轩已经不再是过去那个没有被"过度消费"和"过度泛滥"的男演员。他几乎成为纯情、忠贞的"国民初恋"化身，并以一种罕见的包容度出现在各种流量电视剧中。

在他33岁声名的第一次巅峰，这个过去一直被从选择名单上划掉的名字，似乎也在临近过爆消费自己的边缘。同时，来自各方的凝视、想象、人设期待和粉丝文化，还能让他有足够的空间和弹性成长为下一个梁朝伟吗？他之于不同创作群体和阵营的公约性，究竟是他天赋充沛和厚实的积累所造就的罕见幸运，还是成为伟大演员路途上的致命诱惑和危险？这样的天赋和天性又能够带他走多远？

等等等等

黄轩最近一次被说像梁朝伟，是在进组拍曹保平导演的新电影《她杀》后。他理了平头，留了胡子，在摄影师陈漫有意的把控和设计下，黄轩的眼神和嘴角笑容比过去任何时候都像《2046》和《色戒》时期的梁朝伟。

不仅曹保平这样的好导演需要他、陈凯歌这样的大导演需要他，甚至各种类型的电视剧都想着他。既有声色又有演技，请过来搭配负责流量的女主，怎么看都是一桩多赢的生意。

况且，这个演员不需要你付出等待，就像鲁豫所说，他"好像自己完成了成长，准备好了以后，才出现在你眼前，让你眼前一亮"。

不过，黄轩的自主完成期挺漫长的，严格来说，差不多跨越了10年时间，他从少年到青年。概括地说，大概可以叫作"一个孤独少年不断被嫌弃的10年"。

黄轩曾经在一个视频节目里直愣愣说过一句话："我每天都很孤独。"有很多人从这句话里联想到了被称为"孤独影帝"的梁朝伟。

《花样年华》里，梁朝伟扮演的周慕云对着吴哥窟的一个石洞倾吐内心秘密。而高中毕业后考上广州舞蹈学校的黄轩，也曾经在很长一段时间，对着宿舍门前的三棵树讲话。

和来自离异家庭的梁朝伟一样，黄轩也因为父母分开的原因，"没有安全感"。他在《鲁豫有约》里说，心里面给三棵树分配好了角色，一棵讲学习中遇到的问题，一棵讲情感上的，还有一棵讲友谊上的事。"当时太孤独了……这可能有一些天性的原因。"

因为高中成绩太差，本想成为舞蹈演员来谋一条生路的黄轩，在临近毕业表演时受伤了，沮丧地在床上养了半年。这期间看了很多影碟的他，觉得"做演员真好，希望自己活在那个戏里"。母亲以他太腼腆、放不开为由，劝他死心，他准备了一年，没考上中央戏剧学院和北京电影学院，最终进了北京舞蹈学院的音乐剧系。

在回忆大学4年生活时，黄轩曾在个人博客写道："美好校园时光少之又少，更多的是自己的憧憬和盼望被一次次的失望所取缔，直到现在充满着无奈与麻木。"

其中最著名的一次"失望"来自导演张艺谋。

大一时，黄轩为《满城尽带黄金甲》中的小王子一角试戏半年多，临近开拍时，剧组失联。一个月后，他才从报纸上看到了影片要开拍的消息。他打电话给副导演："咱还拍吗？"对方告诉他大王子已经换了周杰伦来演，小王子的年龄得从19岁改成14岁，黄轩因此不再被考虑。

事情还没完。电影上线的时候，首映礼导演到舞蹈学院挑伴舞，黄轩本不想去，但被对方劝说后，"就去了，在后面演宫里的太监，戴着太监的帽子在后面做很多小丑一样的动作，给他们制造一个氛围"。

之后只要看到"黄金甲"3个字，他心里就"咯噔"一下。后来他又参加了"红楼梦中人"的选秀，这场闹哄哄的选秀，最终并没有和剧组选角挂钩，但让黄轩了解了圈子里的"游戏规则"。

这种"规则"在他大学毕业后的3年里又多次出现。2009年，娄烨导演的《春风沉醉的夜晚》入围戛纳电影节。黄轩正想跟剧组请假，结果发现自己40分钟的戏量被剪到只剩一个模糊的背影。

王小帅和娄烨都说，欠他一部戏。后来黄轩演了《推拿》。在柏林电影节上第一次看片的时候，坐在他旁边的郭晓冬说："这是你的电影。"黄轩惊讶于整条线竟然如此丰满，"导演开玩笑说，这次'还'大发了"。

紧接着是薛晓路导演的《海洋天堂》。黄轩在接受新浪娱乐采访时回忆，自己为那个角色准备了一个夏天，他说："也是到最后一轮了，突然他们说我长得跟李连杰老师不太像，安排更合适的人了。后来《日照重庆》也是，第一个定的是我，到最后投资方要用他们的人，导演坚持用我，争了好长时间，还是换掉了。那怎么办呢，那就这样吧。"

知道又被换掉的时候，黄轩正和《成都我爱你》剧组一起参加威尼斯电影节。当时就想，回到北京后又会是什么样？又是每天在自己的小屋里一待，见组跑组，等待坏消息的不期而至？

回国在巴黎转机时，黄轩索性不回去了，带着200多欧元现金，找了家青年旅舍，在巴黎逛了半个月。颓丧中，他好像看到自己"站在镜头前面，上面有人举着杆，下面有人托着板，在一个剧组的氛围里，我不知道为什么总有这么一个画面"。

10天之后，公司正好接到了导演张杨《无人驾驶》的剧本。黄轩怕再受打击，就说："不见了不见了，全明星阵容怎么可能有我呢？导演怎么可能用我？"

几天后，张杨跟他签约了，说："看了《地下的天空》，挺好的，签吧。"那是2010年，黄轩最沮丧的时候。他想起自己上学时曾经用过的一个网名——"等等等等？嗯，等等等等！！！"

你一直在我们的选择范围里

让导演张杨没有啰唆也没有试戏就签下黄轩的《地下的天空》，实际上是黄轩出道的第一部电影。2007年，大四的他在导演张弛的这部作品里饰演了一个贵阳老三线煤矿的少年。这种时代和边地"零余者"的形象，在贾樟柯和王小帅的作品中已经不少。

但22岁的黄轩还是在这部处女作中展现出了令人忌妒的天赋和才华。他在剧中饰演的人物有一种匮乏带来的轻微驼背，骑着破单车游荡在灰色烂尾楼和颓败的厂矿区里，在外来妹的洗头房里寻得一点慰藉。

这很容易让人想起作家郁达夫笔下的人物。他们通常有三个特点：一是贫穷，二是敏感，三是性苦闷。巧合的是，从黄轩饰演的第一个电影角色井生开始，他后来在《推拿》和《芳华》中的角色都有着类似的光谱。

在《地下的天空》里，黄轩第一次综合调动了过去生活经历中的情感资源。这个角色也跟当时的他一样孤独颓丧和处处受限。更重要的是，从这部电影里，他发现自己"演戏的时候并不紧张，这个职业是适合我的"。

但因拍摄时间过早，大多数人认识演员黄轩还要在这之后很多年。

2014年，院线电影《黄金时代》《推拿》《蓝色骨头》和电视剧《红高粱》先后播映。最初的讨论是从《黄金时代》结尾那个不知名男演员的银幕大特写所引发的。

很多人开始对黄轩的脸有记忆便始于这个大特写。在《黄金时代》里，大多数演员呈现出一种用力过猛的姿势，反而是戏份并不多的郝蕾和黄轩，以丁玲和骆宾基，给出了准确、清洁又富有况味的表演。

这场戏一条就过了。黄轩饰演的骆宾基，在萧红死后，走在港岛沦陷后的大街上，用零碎的纸币买了几颗糖，突然仓皇悲怆，用力嚼着嘴里的那颗糖，哭到面部肌肉牵引变形。

这是演员黄轩在大银幕的第一个高光时刻。这一场结尾的戏，让人想起《阿飞正传》末尾，梁朝伟叼着烟在阁楼里梳油头的一幕。

属于黄轩的黄金年代开始了，作为主角的他在《推拿》中的表演是其中绝对的华彩部分。

娄烨拿着《推拿》的剧本来找黄轩，说："你身上有小马的气质。""什么样的气质？""享受孤独的气质。"演员段奕宏在一条视频里回忆，在看《推拿》前，完全不知道黄轩作为演员的存在。看完《推拿》后，对专业非常在意和骄傲的段奕宏连说两遍自己"惊着了"，他记起自己的毕业大戏也是演一个盲人，但《推拿》里的黄轩，"把握盲人的状态太老道了，这哥们儿真的是……好老道"。

在娄烨给出的充足角色空间里，黄轩扮演的盲人小马，身体是孤独压抑的，眼神是模糊失焦的，欲望是潮湿直接的，与南京这座城市的气味、娄烨电影的美学、毕飞宇的原著，形成了完美的互文。这样全面通感式的对性苦闷的描绘和对欲望的压抑叙事，较近是在电影《花样年华》和电视剧《雷雨》里，更远则能够连通到郁达夫的《沉沦》和丁玲《莎菲女士的日记》。正好郁达夫也是黄轩喜爱的作家和想出演的角色之一。

影评人"何日君再来"在评价"小马"时写道:"第一次看这片的时候还不认识黄轩,但是我心里在想,这个男人只要被正确的导演用好,肯定会有前途的。在这部片子里,他演的是个盲人,眼睛使不上劲,纯粹靠气息。迷恋上了他大嫂,他的这种热烈的情欲感,死命地牵引着观众的视线。在这部片子里,其实床戏反而不那么多,由此可见,不是脱衣服脱多脱少的缘故,而是气质和气息的问题。"

包括娄烨在内不少人预测,这部属于黄轩的电影,极有可能带来一座影帝奖杯。但柏林电影节的最后一轮投票里,黄轩出局了。在电影节最后的酒会上,评委梁朝伟走过来告诉黄轩:"你一直在我们的选择范围里,一直到最后一轮。你很好,继续努力。"

被偶像表扬了之后的几个月里,黄轩都在不断回味。

这一年的黄轩,不仅在 A 类电影节评委的选择范围里,也大规模出现在受众群体更广泛的古装剧和正剧中。

这是黄轩的自主选择,在接受新浪娱乐采访时他说:"我有几年一直在拍这种片子(文艺片),去电影节获这个奖获那个奖,然后国内谁都没看过,盗版碟都没有。我家人说,'你每年在拍什么呢,我们怎么都没见过你。'我当时才意识到,'你本来就不出名,没有什么关注度,如果拍的片子又被别人看不到,那你在干什么'。所以我才说,那我接下来要拍一些起码让别人看到的东西。演员还是要被别人看到,不然你的表演起码在公众视野里是没有地位的,没有意义的。"

于是在《红高粱》《芈月传》《翻译官》中,文艺片之外的受众增加让黄轩从演员成为大众明星。特别是 2014 年的《红高粱》,"一播 20 多天,加上它又收视很好,是从业以来提升影响力帮助最大的"。

这些以女性电视观众和网文受众为主要收视群体的女主剧，都设定了一个纯情、专一、忠诚的初恋男友和霸道总裁形象，黄轩正好赶上了这一波，成为其中有演技的那类男主。

作家王恺认为这时期的黄轩，收敛了性的本能，散发着电视剧流行的塑料人体的味道，这是资本需要的男明星类型，让黄轩的知名度迅速扩展到电视剧收视群体中。

浪费演技

黄轩的一处住所，卧室墙上贴着《花样年华》的海报。他一直视梁朝伟和丹尼尔·戴·路易斯为偶像。

若干年前，在《时尚先生》的访问里，黄轩表达了自己作为当代演员的困惑："有时候我觉得很沮丧，对当下的年轻中国演员来说，可能表演本身已然不重要了……没人去问你对电影有多热爱，没人问你拍过多少电影，也没人问你去过多少电影节，对电影有什么样的态度和理解。只要你粉丝多就行，你就是主角了，仿佛在宣布，我们这个电影不靠剧本，不靠制作，就靠你了。这是让我觉得最现实最可悲的一个现象。"

当年还没有"爆红"的黄轩，因为这段话受到很多流量明星粉丝的攻击。几年后，当黄轩也开始频繁在这类古装剧和偶像剧中出现时，他的影剧迷也开始有了不同的声音："黄轩好好挑剧本可以是下一个梁朝伟，但有的不那么有深度的片子真是在消费自己。"

也有人觉得参演并非黄轩自己能决定的，他个人更多是被动的。但对演偶像剧是浪费演技、滥发货币和消费自己的看法，黄轩不认同。或许是那段屡屡被拒绝、没戏拍的"大饥荒"时期太过创伤。他认为多拍，让更多的人看到，是很重要的。

"只要是感兴趣的作品，不管是电影还是电视剧，其实对于演员来说，这些都是锻炼。"在澎湃新闻的采访里，他说道，"商业价值一定是不能忽视的，如果有可能有商业价值，为什么不去做呢？而且它跟艺术，是不冲突的，如果再有类似于《推拿》这样的作品找到我，我一定会接。如果暂时没有这样的机会，有商业作品找到我，我觉得也特别好。说直白一点，如果你更有知名度一些，你的机会也会更多，选择面也会更大。"

不知几年后黄轩的想法是否会有改变，但至少现阶段的他依旧对扩大受众抱有很大期待，并未对创作团体的水平和对手戏演员的职业素养、互相激发有过高期待。

黄轩的偶像丹尼尔被称为好莱坞的"声望明星"，而不是"一线明星"。声望明星是神秘的，不被大量复制的。是原作和复制品的区别，巨星和明星的区别。

经常演完自己喜欢的电影就消失的丹尼尔，从地理上把自己与好莱坞隔绝开来，在爱尔兰一个郊区建立自己的家。

好莱坞评论家认为："丹尼尔的好处之一就是你不容易看见他，所以你并不真正知道他是谁，或者也不用忍受天天在报纸中见到他。所以，他已经具备成为饰演其他人的优势。"

但现在，黄轩已经成为"天天在报纸中"能见到的那种明星。陈凯歌曾评价他的"神秘"和冯小刚提及的"没被过度消费"正在成为过去。

我都不敢干坏事儿了

与明星黄轩的商业价值、曝光量、粉丝数量一起剧增的，还有来自各方的凝视、粉丝想象和人设期待。

在接受采访时，黄轩明确表示："特别不喜欢'人设'这个词。"

"我都不知道我到底是什么人、都无法定义我，别人就给你定义成温文尔雅、温润如玉、谦谦君子，我好紧张听到这个，我不敢做坏事，你知道吗？"

黄轩相信"人性极度复杂"，"演员只需要有角色，不需要有人设"。但当他说出这句话时，他或许忽略了，在他决定出演更多作品、提高商业价值时，他已经不再是一个单纯的演员，而成了大众明星。

作为交换，明星可以被想象、被投射，被以消费者中意的方式建立人设。这是与"魔鬼"做生意，没有交易者能够例外。

在黄轩这里，他的人设是物化的"行走小狼狗"、纯情"忠犬"以及温柔阳光、爱喝茶爱书法的禁欲系老干部。

但这些单薄的想象都让黄轩觉得心里很不舒服。同样是在采访里，他说："我们现在就被弄得战战兢兢的，被人设所包围。我虽然是公众人物，要给大家一个好的引导和形象，但是也不能失了自我。真实比什么都可贵，还是得回到真实状态中。"

事实上，与很多粉丝设想中的纯情和温柔不同，黄轩从来不隐藏他对不安和危险状态的迷恋。

刚到广州的时候，黄轩会因为被轻视而跟人打架。在他上舞蹈班的时候，晚上经常会一帮人出去吃烧烤、喝酒。毕业前有一天晚上很兴奋，和他对床的兄弟死活睡不着，"突然我看着操场上的国旗问他，'你升过国旗吗？'他说，'从来没有！'于是我们两个人半夜在操场上自发来了一次升旗仪式"。

黄轩说："作为演员，你应该撕裂自己，过一些非正常人的生活。你在一个安全港里，艺术灵感和创作就会被大大减弱。"

但时代正变得越来越保守化和迷恋安全感。我们已经多久没有在影视作品里看到浪荡不羁的坏小子和野心兼生机勃勃的女人了？又已经多久没有再见过像约翰尼·德普、基努·里维斯、文森特·卡索、张国荣这样的浪子了？银幕上和荧屏里的荷尔蒙几近枯竭，能够表达复杂人性和欲望的角色几乎消失。

没有一棵植物能够独活，没有一个板块不折射整个"场"和时代的气味、颜色、温度和镜像。在貌似最没有意识形态的娱乐和消费场里，全球保守化和分裂化的趋势同样能够在这里得到映现：中国网络上的年轻男人都变成了"狼狗奶狗忠狗"，年轻女人都成了"猪精"和信奉非粉即黑的原子化粉丝。非此即彼的、对事物和人性灰度毫无弹性的理解力和保守僵化的价值观，已经成为网络人群分裂和互相攻讦的根本动因。

在这样的氛围里，即使是最容易实现财务自由的明星，也很难真正发展全面自由的自我和创造真正具有艺术价值的角色和作品。

有影迷曾在微博上对黄轩写道："你才不是老干部，我不喜欢别人叫你老干部。你明明是隐居在人间的浪子啊，内心不知道多不羁又多情。"

即使是黄轩长期以来被颂扬的"少年感"，实际上也从来没有脱离他的色相和一直以来的"情欲感"而存在。他甚至还拿过健美先生比赛的优胜奖。

影评人宋雯婷曾评价："电影《推拿》中黄轩的少年感，带着情欲的挑逗。今天，我们的社会有一种偏见。提起情欲总联想到下流，联想到脏。其实情欲是一种很原始的力量，狂暴与温柔并存。这一点在《推拿》中被感受得最为充分。"

黄轩也几乎没有掩饰过自己对肉体和欲望的看法。同样是在《时尚先生》的采访中，他说："提到性，每个人都选择点到为止，但我从来就可以大胆地说：你没法拒绝它。因为身体是表演的工具，是你的载体，是你的全部。所以我喜欢经常观察自己，自然的反应，不管好的、不好的，比如说邪恶的念头，我就让它出来，没关系，我要看到它、接受它。我接受我的全部，只有这样才能发现自己有多么丰富、有多少可能性。"

伍尔夫说，伟大的灵魂雌雄同体。同样，伟大的演员也需要雌雄同体。Ta 需要能够同时对同性异性都具有吸引力和魅力，梁朝伟、梁家辉、周迅、张曼玉、郝蕾、天海佑希，都是如此。

黄轩具备这种伟大演员的潜力。

但在粉丝文化的凝视下，黄轩还能够获得足够的空间和环境弹性去成长为下一个梁朝伟吗？

宗萨蒋扬钦哲曾说过这样一句话：你可以是个坏男生或者坏女生，而同时是个佛教徒。同样，或许你可以是个坏男人或者坏女人，而同时是个好演员。

黄轩，你敢不敢做一个浪子？

辑二

PART 2

选择

青春岁月

王源：少年远行

○
○
○

文｜卢美慧　编辑｜季艺

公共视野之内，王源不再是那个跳着"左手右手一个慢动作"尽力取悦众人的小男孩，相比于出道时的懵懂和羞涩，虽然只过去了不到四五年，但王源看上去距离13岁时的那个他已经十分遥远了。

失去

李咏芳在采访中几次都没能忍住自己的眼泪，有两次，她很坚决地说："如果可以重来，绝对不会，我绝对不会让他走这条路。"

李咏芳说的是自己 17 岁的儿子——王源。大众面前，王源的身份是少年偶像组合 TFBOYS 成员，从 13 岁开始，王源就是一举一动都暴露在公共视野中的超级明星。

李咏芳最遗憾的，在最需要父母陪伴的年纪，儿子不能像普通男孩一样，可以任性或哭闹，不开心了跟爸爸妈妈撒撒娇、耍耍宝。这个对生活没有什么贪求的母亲，原本的设想是，儿子健康快乐地长大，不一定有多大出息，不一定多有钱。但是 5 年前星探的一通电话改写了一切——从此取而代之的，是越发无孔不入的娱乐工业包装、炫目的舞台、粉丝狂热的追捧，以及更为具象的互联网时代数以百亿计的点击，王源红了，也就这样长大了。

同样的问题，王源的回答中却显得十分义无反顾："如果重来一次，我还会选择走这条路——为什么要平凡地过完一生呢？"

李咏芳并不在意儿子身上那些闪闪发亮的光环，作为母亲，她只是本能地觉得，儿子太辛苦了。有一年，7 月上旬的一天，在家乡重庆，王源就读的南开中学校园内，李咏芳看着操场上打篮球的少年、校园里奔跑嬉闹的同龄人、甚至是背着书包参加暑期补习的学生，都会替儿子羡慕一下。

这一天，李咏芳到学校给王源办理文理分科，整个 7 月，王源的时间都被工作填满，李咏芳帮儿子到学校选了文科。这一天，她跟王源的班主任老师商量，要不要给王源请一位贴身的老师，落下的功课太多，集中补课效果可能不理想，而且孩子会很累，但老师对她的提议并不乐观，王源的时间不固定，长时间飞来飞去，并没有静下心来学习的条件。

李咏芳后来想想也是，有时候王源一录节目就录到半夜，基本的休息都很难保证，还怎么学习呢？

她觉得儿子失去了一个正常孩子的童年和少年，而这份失去，永远难以弥补。

几天之后，在距离李咏芳 1500 公里之外的北京，《人物》记者见到了 17 岁的王源。他纤细瘦小，衣服罩在身上，工作人员要多加几排夹子，有那么几分钟，这个少年显得太累了，在普通 17 岁男孩儿可以恣意玩耍的暑假里，王源每天面对的是密密麻麻的通告。这天他一早就赶飞机从国外回国，下了飞机直奔影棚，脸上有厚厚粉底遮盖不住的疲惫，眼皮低垂，影棚里音乐节奏暴躁，眼前工作人员来来往往，王源似乎跟这一切都保持着距离，不面对镜头的时候，王源的眼睛不对准任何地方，他说："就是放空，什么也不想。"

王源已经习惯了作为明星的生活，在镜头面前，他很熟练地配合摄影师的要求，精确无误地做出"笑一下""酷一点"的表情。

坐下来接受采访的王源，被粉丝称赞"薄荷般清凉"的声音里还是变声期男孩儿的青涩，但他逻辑清晰，有远超年龄的成熟和通透,他知道自己的走红里有诸多运气的成分,连说了四遍"我真是太走运了",也对娱乐圈如今"谁红谁厉害"的法则有自己的担忧,王源十分坦率地说:"我现在的实力承受了不该有的人气,所以只有努力,不停地去努力靠近目标。"

5年过去,最初在镜头前练习劈叉时咧嘴大哭的小朋友褪去稚嫩,少年王源成为这个时代最具话题性的明星之一,17岁这一年,他推出了自己参与作词的新单曲,主演的电视剧登陆了湖南卫视黄金档,这一年王源作为青年代表赴联合国青年论坛发言,还成了联合国儿童基金会青年教育使者。

他没有像几年前有人预估的一样,成为一朵互联网时代的短暂泡沫,而是扎根在熙熙攘攘的名利圈,有了这个时代独一无二的成长经历与青春故事。

王源有着与生俱来的边界感,对得失取舍天然敏锐。他很清楚自己在工作中要表现得像个大人,但也很笃定回到生活后"有点孩子的那种天真在身上没有完全消失掉"。对于妈妈的遗憾,王源视作当下这种生活必需的牺牲,他说:"我已经拥有得够多了,上天不可能让你每一样都占。"

做梦都没有想到

儿子成为明星,李咏芳"做梦都没有想到"。2011年,王源还是重庆大江小学的一名普通的小学生,个子不高,圆圆的脸,就是人群中非常普通的一个小男孩。

李咏芳和老公做汽车相关的小生意，没有大富大贵，但在"安逸巴适"的重庆，一家人其乐融融，李咏芳很是满足。

老公平时工作忙，照顾王源大多数时候都是李咏芳的工作，对儿子的培养，李咏芳从来没有急不可耐地告诉王源"你要成为怎样怎样的人"，她会问儿子："你想学什么？想学就报班学，学得不开心了撂挑子也没关系。"李咏芳从不愿在王源的童年里给他任何压力。

如今，小学几年是作为母亲的李咏芳最甜蜜的记忆，儿子从小就很乖，不生事，那时候放学回家，儿子黏在自己身后，追着问这个为什么、那个为什么。王源自小就有很强的好奇心，会问：这条路为什么修得弯弯的、这棵树为什么长成这样子……母子俩最爱玩的游戏是成语接龙，放学回家的路上，两个人一个词一个词地接，一路上你追我赶，互不相让，洒下一串笑声回家去。

很多年以后，在综艺节目《王牌对王牌》的现场，作为小队长的王源同薛之谦、沈腾、李小璐等综艺咖也玩起了成语接龙，王源很机灵，在一众前辈面前毫不逊色。李咏芳的记忆一下子被拽了回去，明明记忆里还是个小不点儿，怎么突然就那么高、那么大了？

时代峰峻公司的那通电话绝对是一个转折点，在那之前，李咏芳对儿子的期望就是平平安安地长大。王源小时候有点挑食，身体不是太好，那就是作为母亲的李咏芳彼时最大的烦恼。

那通电话后，王源成为当时还名不见经传的时代峰峻公司的练习生，这家此前没有娱乐背景的公司旨在效仿日韩养成系明星的培养模式，打造现实世界里的超级巨星，李咏芳一度觉得这是家骗子公司，跑到公司实地确认了才放心。

起初，李咏芳只当儿子多报了一个兴趣班，多学点东西总是好的，而且王源好像也很有意愿。至于"超级巨星"，母子俩谁也没有想过。

那时候的王源，最大的梦想就是每个月有 10 块钱充 QQ 会员，10 块钱能让他在虚拟世界的游戏里面养宠物、打扮自己的庄园。当时王源的同学都在玩，玩得好的话就会在同学中间显得很厉害。

天蝎座的王源还会写 QQ 日志，算是他细腻敏感一面最早的苗头，那时候手机还没有拍照功能，发不了照片，只能发文字。王源的日志风格就是什么"今天感伤""落泪"之类的，17 岁的王源如今把这段日子视作自己的黑历史，会伏在桌子上大笑自己当初的幼稚："我的天，其实自己并没有落泪啊。我那个时候简直了，上小学的时候哪有那么矫情。"

成为特别受瞩目的人对那时的王源来说完全没有概念，能充上 QQ 会员就算帅惨了。但当时王源的父母对于网络还很戒备，那 10 块钱管得很严。对李咏芳来说，儿子周六去训练一天，磨炼一下品格，掌握一门技能，还能少玩点游戏，仅此而已。

不说

练习生的日子漫长枯燥，但在李咏芳印象里，王源没叫过一次苦。噙着一位普通母亲于心不忍的眼泪，李咏芳说："如果他当时跟我说，'妈妈我不想练了'，只要他说了，我一定会带他回家的。"

但是王源从来没有说过，这也是他的性格。什么都不愿意说出来，小时候犯了错也会挨打，挨打就受着，"我父母还属于比较开明的那种人，因为他们惩罚我，就是比如说我犯什么错，他们就让我蹲着，蹲在一个板凳上面，他们也不让我跪，就让我蹲在一个板凳上面，蹲着特别累，就是这样。还有就是我爸用皮带打我，但他会先跟我说好，他说，'你把屁股撅起来，我打你几下'，先说好，然后我就乖乖撅在那里，我也不躲，打完就没事了"。

幼年王源就很能理性地看待身边的一切，他说："爸爸、妈妈打我的话，就是我做错了，我不逆反。"李咏芳将这种理性归结为天性。王源成名之后，很多朋友过来问她的教育经验，李咏芳说："我也说不出来，王源从小就很懂事，挨打的时候很少，什么事跟他说你不应该这么做，他马上就听。夏天他特别想吃冰棒，但那阵子他闹肚子，我说不可以，他就不吃了，不哭也不闹。"

如今李咏芳特别不愿意回忆王源成为练习生那个时刻，她以前设想过儿子 18 岁、20 岁的时候离开家门，去做自己喜欢的事情。但是这通电话，将母亲和儿子注定分别的时刻提前了至少 10 年，儿子变成了一只越飘越高、越飘越远的风筝，但风筝的线，并不在自己手里。

这种"不说"的性格一直伴随着王源的成长。有一次回重庆，王源的助理小强带着王源到江上玩，后来王源坐船回到江边上厕所，他发现不远处睡着一个流浪汉，他觉得对方很可怜，就把口袋里被江水打得湿嗒嗒的 10 块钱悄悄放在流浪汉身边，结果没站稳，碰到了旁边一块木板，对方醒了，就那么瞪着他，王源一害怕，一溜烟儿跑了。"其实我还是挺想帮助他的，就是他醒来看见身边有 10 块钱，就可能供他全天吃饭"。

但是他不去说。前段时间,王源给爸爸买了块表,邮寄回家,李咏芳和老公让他别乱花钱,问能不能退,后来一算日子,才发现那阵子正好是父亲节,也是王源爸爸的生日。

同样,王源一直想学音乐,跟林俊杰、薛之谦这些前辈熟络起来之后,他们都很热情地说:"你有什么问题可以随时来找。"音乐上的事情,他们都愿意教,但王源觉得底子没打好,还是要先把乐理知识学好,"他们那么忙,慢慢地,总有机会的"。

山城的路

明星梦,王源很坚定地告诉《人物》记者,练习生时期的他,"完全没有"。在TFBOYS一则早期视频里,记者问他们3个靠什么坚持,视频里3个懵懵懂懂的小家伙拉筋、练歌、参加比赛,对着陌生的成人世界讲述自己的梦想。

那时的王源可能还分不清什么是甜、什么是苦,问他劈叉时大哭的片段,17岁的他淡淡地笑说:"因为每个人都在拉筋,恰好我是整个班里面筋最硬的人,老师就往死里压。对,当时也没有想那么多,就是觉得说压就压呗,毕竟在上课,每个人都压,都是公平的,当时完全没有想太多。"

公司训练的地方在长江边上一座写字楼里,距离当时王源家住的地方有一个半小时的车程。李咏芳送了王源一两次,王源就跟妈妈说:"好,行了,你以后不用送我了。"

王源很早就表现出了性格中独立的一面，什么事嘱咐他两句，他都会很听话地执行。很小的时候，李咏芳测试过一次，让一个王源没见过的同事去学校接他，说妈妈有事在车上等他。王源就告诉对方"妈妈说不让跟陌生人走"，死活也不肯上车。后来，这位同事拿出李咏芳的电话、说出她的工作地点，王源才半信半疑地上了车。

在一个母亲数不清的遗憾里，李咏芳觉得，王源实在是太乖了、太让人放心了，现在回过头去想，她甚至希望王源当时多淘气一些，多依赖自己一些，这样母子之间的共同记忆就能多一些、自己心中的遗憾也就能少一些。

但是没有，家和公司正好在一趟公交车的起点和终点，这是一条王源一个人去走的路。每天李咏芳给王源10块钱，坐公交车去4块，坐公交车回来4块，从起点到终点，在公交车上看形形色色的人来来往往。他个子很小。有一次坐车上来一位妇女，人很多，他正好在妇女胳肢窝下面，味道难闻，他也必须忍受。王源后来回忆说："我简直，我天哪，那趟旅途，真的，我终生难忘。"

这段距离往返了大约3年，王源在这个过程中告别了自己的童年，练习了不知道多少遍当时连歌词的意思都不大明白的歌。

与此同时，工作人员将TFBOYS唱歌和练习的视频剪辑过后发到网上，经过虚拟世界里的翻云覆雨，视频被范玮琪、五月天、刘若英等一线艺人转发，关注他们的人像潮水一样涌入网络世界里已经预备多时的站点。和以往那些包装精致的传统明星不一样，在镜头前怯生生的、没什么修饰的小男孩们瞬间收割了无数人的心，那时候所有演唱视频的链接里，都会有人很激动地加上一句"听得心都要化了"。

那个时候，李咏芳给王源用的是一个只能接打电话的 200 块钱的小砖块手机，没有上网功能，所以对于网上发酵着的一切，小家伙完全没有概念。

李咏芳也没有，就是周六一大早沿着那条既定路程，孩子坐公交车走了，晚上自己回来了，母子俩也不怎么交流公司的事情。很多记忆是在事后回想时才觉察出心疼的。有几次练习得太晚了，李咏芳说要不要去接孩子，电话那头王源就很懂事地说："不用不用，大半夜的，一个人打车就回来了。"

人群中

王源意识到变化是 2013 年的 10 月，TFBOYS 正式出道两个月后，在重庆渝中区日月光广场举行首唱会。那之前，王源和他的队友们一起，已经习惯了长时间远离人群的寂寞。他们日复一日地练习，录制如今看来画质并不那么精良的自制综艺节目。

公司给每位成员注册了微博，王源一下子就有了几百万粉丝，数字涨得自己都麻木了。他会在微博上分享训练中的趣事，还有自己的自拍照，会絮叨妈妈只让自己看书而不让自己玩游戏，把生活中一切觉得好玩的都分享给网络那一端喜欢自己的粉丝们。

公司里也经常收到粉丝们雪花一样飞来的礼物，有糖果、蛋糕、玩具，也有写着"源源我一定会支持你"的卡片或信件，每一个人都情真意切，王源当时也只是觉得很有趣，隔着虚拟世界，王源真实的生活没有因此发生任何变化。

稍微不自在的，是有时候在大街上会被人认出来。王源记得第一次是个小女生，迎面过来问："你是王源吗？"王源一怔，心里奇怪这个地方怎么会有人认识自己，然后"咻"一下没影了。"没有觉得别人把我当明星认识，感觉别人把我当逃犯一样认识。"如今回忆起来，王源觉得那时候，可能自己还没有真正做好去当一个公众人物的准备。

日月光广场的表演是第一次站在人前，横在自己和粉丝之间的虚拟世界消失了，这个距离的消失让生性腼腆的王源感到惊恐，"怎么那么多人"！他们3个被一层一层的人围了起来，4层的商场，每一层的栅栏都围满了人，王源想大概有1000多个人，那之前，他从来没有见过那么多的人。

李咏芳了解自己的孩子，从小很害羞，在老师、同学面前回答个问题都会脸红，出道前，为了练胆子，他和王俊凯曾经在闹市区简易的露天卡拉OK摊位前唱了一首《人质》，当时正是初冬，两个小家伙穿着厚重的冬装，围观的人并不多，但个头儿明显比他们高出许多，他们唱成年人的歌，给比自己大许多的人听。

那时候王俊凯和王源两个人的声音已经能够辨识出经过专业训练的痕迹，但眼神里还是有猛地置身于人群中的游离和羞涩。为了消除这份羞涩，王源还跑到地下通道练过歌。

在日月光广场亮相的当天，王源还是很紧张的。他一只手举着话筒，另一只手不知道该放到哪里。粉丝围上来签名的时候，他坐得笔直，一笔一画写自己的名字。那是王源第一次有了做明星的感觉，有那么多不认识的人特地赶来支持自己，那感觉很不赖，他觉得挺好玩。

活动结束了，狂热的粉丝散场，王源自己坐公交车回了家，十分不普通的一天最终以十分普通的方式结束了，在他的印象中，这是自己关于公交车最后的记忆。

爆红

不光是公交车，随着人气的极速上升，生活中的一切都在加速远离王源。原本训练或录节目的时间是每周六，渐渐地，周日没有了，然后是上课的日子开始不得不占用一些。

王源对于"红"的感知并没有那么敏感。2014年4月，参加第二届音悦V榜年度盛典，他们拿下了"内地最具人气歌手"和"音悦直播人气歌手"奖。

王源的反应是兴奋，那么多歌坛的前辈，结果他们拿下了这个奖。

爆红给王源最直观的感受是，他和人群的距离在不断消失。"两年前我在街上可能走一圈，购物5个小时，一个人出来说，'哎，王源'。'你好，我是王源'，就这样打个招呼；现在我可能购物5个小时有100人把我认出来，就是这样，慢慢地会有越来越多的人认识我，然后我的生活也会改变，大家不会把你当成一个普通人一样对待了，就是慢慢地，嗯，融入这个圈子里来了。"

还有钱，对于资本世界，十几岁的王源更没有什么概念，练习生当了一年，他才知道因为自己住在郊区，当时有每月500块的补助，"我一想，那我一年就有6000块钱，多好啊。当时觉得还很知足。

我是最近一年才知道我们大概能赚多少钱的，当时，哇，我真的是太震惊了，赚到钱真的太震惊了"。

王源的收入至今都直接打到他家人的账户里，说到钱，王源完全还是孩子式的天真，喜悦和震惊都是真实的，逗笑了现场所有的人。

2014年7月，出道不到一年，为TFBOYS量身定做的单曲《青春修炼手册》正式发布，欢脱的旋律、青春的面庞，很快攻陷了这一年大大小小的音乐排行榜，这首歌成了华人世界谁都能哼唱两句的年度神曲，TFBOYS也成为街知巷闻的国民组合，并凭借该曲，三个男孩登上了这一年的春节联欢晚会。

演艺圈中削尖了脑袋也未必能如愿得到的机会以不可思议的速度降临到三个普通男孩身上，主流观众群实在无法理解，论外貌、唱功、舞技，三个人并没有展现出多么迥异于人的天赋和水准，人们搞不明白，"左手右手一个慢动作"的旋律里面究竟掺杂了什么魔力，能让那么多人陷入不可思议的疯狂。

王源的15岁生日，粉丝特地为他举办了全球庆生系列活动。家乡重庆的公交、轻轨、车站贴满了对王源的生日祝福，重庆江北机场飞往全国的45条航线，粉丝承包了10万张王源生日主题的登机牌。在台湾地区，粉丝们承包了台北三条主要公交线一个月的车身广告；在首尔，粉丝们在江南和新村的地铁站投放了周期一个月的50块电子广告，并在61家咖啡店投放为期约一周的循环视频广告；在美国纽约时代广场，LED屏循环播放王源的图文资料，王源成为首位以生日形象登上时代广场大屏幕的中国艺人。

微博上粉丝们发起的"你还不够了解这个世界，我们就让这个世界了解你"的话题，盘踞当天的热搜榜。

王源的确还不够了解这个世界，互联网时代爆红的偶像明星，意味着要比以往时代贡献出更多的个人自由，走在大街上，总会有人举起手机对着他一顿狂拍。他点的套餐、他喝的奶茶、他吃过的火锅店都会快速地通过互联网火爆起来，他的一言一行都毫发毕现于公众眼前。

无处可逃

李咏芳对新时代的追星方式有些不解，在她还是个小姑娘时，自己和身边的朋友都非常喜欢偶像组合小虎队，但那时的喜欢，仅仅是让遥远世界里的俊美少年填补下青春期少女的美梦，也就买买海报和卡带，并没有什么过激的行为。

可王源所处的，是一个手机摄像头无处不在的时代，粉丝和偶像之间的边界消失，距离不见了，这份亲密，给了少年偶像难以匹敌的人气，也让王源失去了他一心向往的安静、简单、可以什么都不去想的个人生活。

王源升入中学之后，为了上学方便，全家人搬到南开中学附近的一栋居民楼，距离学校只有一面墙的距离，步行只要5分钟。

但就是这么短短的一条路，已经远比之前一个半小时的公交车辛苦太多，粉丝们守在学校，很快也就发现了王源的住处，他们蹲守在校园附近，开始抢夺一个十三四岁的男孩所剩无几的自由。

王源的初中班主任刘彬斌老师记得，最搞笑的一次，王源回重庆，要到学校晚自习，补习前段时间落下的课程。学校为维持教学秩序，一向以开明著称的南开中学不得不限制外人进入，但还是有粉丝跑进学校，拎着一袋晚餐找到刘彬斌，说这是给小源准备的晚餐。刘彬斌哭笑不得，他知道粉丝完全一片热心，但是突然跑来一个陌生人，塞过来一袋饭，他也不敢给王源吃。

被围观是经常的事，前两年，王源被十几个，有时候是二十几个比他高出一头的粉丝围着，刘彬斌在旁边看着，觉得当明星也挺惨的。

有时候他会帮着王源"逃跑"，但学校就那么大，他也没太多地方可以逃。

王源很珍惜回到学校的日子，刘彬斌觉得，自己这个学生身上有天然的淡泊，突然成名了，他可能偶尔会在开玩笑时跟你唠嗑一下说："斌哥，我跟你说，我现在回重庆可都是夹道欢迎啊。"但是从王源的内心来说，回到学校，他就是个学生。不断有猎奇的粉丝追来，为了躲避，王源有时候必须像个逃犯一样：为了躲避那些粉丝追过来围堵，他真的不得不跑啊，跑啊，甚至连围墙他都翻过。

王源到北京之后，部分粉丝的疯狂变本加厉，他们会去翻小区垃圾桶的快递包装、打骚扰电话，把耳朵贴到门上偷听，王源和另外两位成员都无可奈何，不能发脾气，不能露面，门和窗都关紧，把音乐开到最大声，最后装了摄像头，除此之外，再无他法。

这份边界的消失让王源很困扰——随时都会被认出来，随时都会被尾随。就任联合国儿童基金会青年教育使者的当天，从公司出来到车库坐车，就有粉丝堵在电梯口，用手机，还有用专业相机对着他就一通拍，上了车，这些人还开车一直跟到联合国大使馆，下了车，又是一通拍。

活动还没开始，微博上已经有了"路遇王源"的照片。王源很清楚地知道自己处在一个窥视的眼睛无所不在的时代，但他还是盼望着能有一些远离人群的瞬间，"公众人物只要在外面，其实就是完全暴露的，没有什么自由，这个我是想通了，但是在自己的私人空间中，我觉得不能被侵犯"。

觉得委屈

要在虚拟世界和现实空间找到一个分寸恰当的平衡点并不容易，王源想在现实世界求一份往常的清净不可能，想在虚拟世界求一份现实中的友善更不可能。

巨大成功的同时，TFBOYS的成名路上也面临着巨大非议。从唱功、长相，到成名之路，3个男孩都被质疑了个遍，部分粉丝的疯狂行为也被归算到三人身上，享受鲜花和掌声的同时，也要承受与之相随的刻薄与非议。

这是一条实打实的甘苦自知的路，让李咏芳最沮丧的，是儿子生活中遇到的种种问题，已经远远超出了自己的人生经验。

从小到大，李咏芳教育王源时提到最多的就是做人要善良和忍让。但当残酷的网络世界和势利的娱乐圈重叠，李咏芳常常疑惑，自己传达给儿子的品格，是否会让他吃亏。

早几年，王源对网上铺天盖地的谩骂很伤心，网上毫无来由的恶意在一个乖顺孩子的世界里是没有办法理解的，李咏芳对王源说："别人的想法你没办法左右，他们又不真了解你，做好自己就好了。"

但是私下里，李咏芳还是替儿子委屈，儿子从小就很乖，几乎什么事也不用家长操心，对待长辈很有礼貌，也不跟别的小朋友打架，没做过任何出格的事。

王源并不晓得恶意从何而来，有时候走在街上，也会有冷冰冰的眼神甩过来，身后的小声议论会让他特别无所适从。王源说："有时实在没办法，就练就了一个本领，走路不管别人怎么说，如果被骂的话，我就眼睛笔直地往前看，继续走，就当看不见他。就算他和我迎面走过来，我也像看不见他一样走掉。"

刚学会用智能手机时，王源气不过，蒙在被子里看手机，看到骂自己的评论，就在被窝里喊一句"我去"。

"没别的了？"面对《人物》记者的提问，王源眨巴了几下眼睛不置可否地笑笑。这个习惯延续至今，问他生活中面对问题的解决方法，王源说："一个字，平时说一个字，'我去'，说完之后再慢慢化解。"

王源也确实没有别的发泄渠道，早些年在重庆的时间多一些，他就拉几个要好的同学去吃火锅，"每天中午就约同学去吃火锅，每天中午去吃，然后我们全部吃拉肚子了，我就把压力消化掉了，开心"。

但随着工作的增多，王源离开了家，搬到了北京TFBOYS一起住的公寓。在重庆的时间越来越少，采访当天，王源仔细想了想，还是没想起来上次离开重庆是什么时候。他的青春期被分割成很多块，真正留给自己的时间并不多。

孤单

虚拟世界中的赞美或诋毁只能自己一个人去消化，王源没有什么人可以倾诉。媒体采访的时候，总希望听到他说当初练习生的时候有多辛苦，但是王源说："那个时候反而没有那么孤单，我觉得挺好的，因为在学校有同学，在公司有朋友，反而还好。"

真正的孤单感诞生在走红后，他离开重庆，来到北京。刚出道时，TFBOYS三个人在一起的时间还比较多，但随着工作安排开始不同，三个人各有各的忙碌，这份自练习生时期开始的陪伴也渐渐消失了。

2017年，王源的工作重心发生了明显变化，也更有意识地开始从事一些公益活动，他作为青年代表去联合国做了一段全英文的发言，而后被任命为联合国儿童教育基金会青年教育使者，开始利用自己的影响力号召人们关注偏远地区的教育问题。

公共视野之内，王源不再是那个跳着"左手右手一个慢动作"尽力取悦众人的小男孩，相比于出道的懵懂和羞涩，虽然只过去了不到四五年，但王源看上去距离13岁时的那个他已经十分遥远了。

工作中，王源开始有自己的主见。王源的宣传人员十分感慨过去一年王源的变化，好像一下子就长大了，初见时还是小孩儿的样子，但是今年，很明显的，他开始有很多自己的想法，衣服是不是可以这么配、造型那个样子会不会好一些，他不再仅仅满足于做一个他人想法中被包装出来的偶像，"他自己本身是脑子里面有东西，有想法的"。

但走得越远，回头也就越难，如果在远方的世界里越如鱼得水，回到生活中就会越孤单。中考之后，王源的很多同学有了难得的假期，也因为面临分别，许多原先的朋友需要这个假期来巩固过去的友谊。王源不行，他很快便投入到工作之中。高中开始，他便更少地出现在校园中。再回到学校，初中班里的同学都分散到各处，朋友们各自有了新的生活，王源非常想和同学像过去一样相处，但慢慢发现，自己融不进去了。王源说："我的一个初中同学，他是我念初中时认识的第一个同学，初中跟我住一个宿舍，一直玩得蛮好的。上高中后，我去学校上了几天课，我原来的初中的那个班在上高中后只有他和我同班了，他坐我后面，我那几天就只跟他玩，但后来有一次我约他和其他几个同学出来吃饭，他就是不来，死活都不来。"

后来，这位同学的妈妈给李咏芳打电话，说是自己的孩子觉得王源几个朋友家里条件都很好，就不想一起玩了。青春期的友谊脆弱敏感，但逐渐忙碌起来的王源也没有机会和时间去跟自己的朋友说，自己交朋友从来不是因为钱。他的朋友本来就不多，真正交心的更是没有几个，他想证明，他还是过去的他，他不想失去任何一个朋友。但这种证明很无力，命运还是把曾经的伙伴牵引到不同方向。

好在练习生时期的王源，比普通小朋友更早地理解了分别。一起训练的小朋友很多，大家彼此作伴，互相加油打气，每个人都很平等，上同样的课、做同样的练习，但是优胜劣汰的法则摆在那里，如果某个小朋友连续几天不来，他就知道，这个小伙伴被淘汰了，他又失去了一位朋友。那时候也没有什么意识，也不知道留联系方式,很多朝夕相处了几年的小伙伴,就这么消失在人海里了。

TF家族有位名叫刘志宏的伙伴,2016年7月,刘志宏通过微博突然宣布自己更喜欢平凡自由的生活,下决心告别演艺圈。这件事给了王源不小的触动,一条路原本很多人结伴出发,慢慢地,人越来越少,越到后来,王源越发现自己的身边,就只剩下自己一个人了。

琐碎

越孤单,对生活里的友善就越渴望。助理小强成了王源生活里最重要的朋友,王源很坚定地对记者强调:"强哥不是我的助理,他是我最重要的朋友。"

说到原因,王源说起很小的一件事:"他有艘船,一艘小快艇,跟他一起上船玩,他贼逗,那船只有一个救生衣,我还没上,他就说,'赶快,赶快,把救生衣穿起',意思是让我赶快把救生衣穿上,他说救生衣不穿好,就不让我上船。"

王源说在重庆时,小强到江上打鱼,自己还没有吃,就跑过来送到他家,什么事都第一个想到自己。别人对他的好,王源通通记在心里。这些并不是小强的工作内容,但是工作之外,他还想着你,王源在意这些生活中琐碎的细节。

很早就离开父母,身边都是盼着自己成功的成年人,更重要的是,这些年中不断有人从王源生活里退出,小强这个朋友,就显得尤为重要。

从练习生时期开始，每隔一段时间，王源的生活就会经历天翻地覆的变化。但王源说自己是一个特别不愿意经历变化的人，公司中突然有人离开或者有新人进来，他都要适应好久。

采访中，《人物》记者问王源："如果这时候小强突然说不干了，你怎么办？"王源调皮地说："那我就去他家门口堵他，敲他门，去戳他的船板，给他戳破了。"

王源确实害怕发生变化，王源的老师刘彬斌说王源每次回学校，都会积极张罗吃饭，请大家看电影，希望时间还停留在原地，大家依然是好朋友。

因为粉丝不断地骚扰，读初中时刘彬斌建议过，给王源开一个特殊通道，从学校食堂开个小门到他住的地方，这个提议被王源否决，他不想搞特殊，就想像个正常学生一样从校门进、校门出。

王源生在一个其乐融融的大家庭，小时候每年生日，全家人一定要凑到一起，热热闹闹给王源庆祝。走红之后，这样的机会几乎消失，TFBOYS三周年，李咏芳和老公到北京看儿子的演出，舞台炫目，粉丝疯狂，回到酒店，很久很久，都没见儿子来，老公对李咏芳讲："感觉儿子不是我的了。"

如今王源每次回家都成了"生日"和"节日"，一大家子人凑到一起吃火锅，尽力去补全王源被明星的身份挤占掉的家庭生活。李咏芳想让儿子明白，不管怎样，家人永远是不变的。

2017年三四月录制《王牌对王牌》，一直在镜头面前表现得阳光可爱的王源罕见地崩溃痛哭，李咏芳印象中上一次见到儿子哭还是差不多 10 年前。节目中，崩溃的原因是一道拔丝地瓜，那是小时候奶奶总做给他吃的菜，小时候王源总说奶奶放糖太少，所以都拔不出丝来。但进入娱乐圈，已经有七八年，再也没吃过奶奶做的这道菜。

2016 年，王源给家里买了房子，新房子最让全家人高兴的并不是有多大多豪华，而是一层邻居都很友好，大家都不把王源当成明星，有时候回家，邻居一个阿姨在楼道里就会喊："幺儿，过来我家吃饭。"

整层的邻居有一家做饭，其余家就凑到那一家去吃饭，李咏芳很感激邻居给王源保留了一份难得的烟火气，让他能在舞台之外，灯光之外，欢呼和尖叫之外，还有机会去感受扎扎实实的人间温情。

但大多数时间，王源都没有机会好好感受。这些年他在家最长的时间不过 20 天，朋友们都消失了，他就骑单车去江边玩，有时候小强陪着，大多数时候是自己一个人。

"红"与运气

娱乐圈的成人世界，对于一个十几岁的少年来讲，也隔着一段难以抵达的距离。刘彬斌经常接到陌生号码的来电，王源的电话经常会被粉丝发现，所以经常会换电话号码，后来刘彬斌干脆不存了。

去年，王源在电话中跟刘彬斌说，因为有时候节目会录到后半夜，一些成年艺人就会张罗大家喝顿酒，或者中间实在累了，抽根烟解乏，对成年人来说，这是再正常不过的解压方式。但这时王源就会自觉退到一边，他说："我知道自己不能沾（抽烟、喝酒），就会刻意去避开，比如他们有时晚上说叫一起去吃饭，这种情况我也不会去。"

刘彬斌有时候也有王源妈妈的苦恼，自己的经验并不足以教会这个学生去应对他生活里出现的问题。虽然王源已经进入高中，但是初中三年的相处，自己和王源成了生活中的朋友，他觉得王源目前还太小，而面对娱乐圈，诱惑又太多，父母、老师都不在身边，发挥作用的，最终还得是自己的自制力。

少年王源身上有着天然的分寸感，刚入行的时候，他看黄晓明、薛之谦这些艺人时常会恍惚，他们不是大明星吗？然后回过神来，自己和他们已经是一个圈子的了。

一开始，他从不主动加艺人的微信，害怕给别人添麻烦，后来录制《王牌对王牌》时开始长时间的接触，王源才会主动去提加微信的事，他说："后来我加了很多艺人前辈的微信，但我也很有原则，就是第一次一定不要加，一定到第二次合作的时候才会加，我相信一回生二回熟，因为第一次加有点尴尬，但第二次的话就稍微熟了一点，我会说'老师，我们加个微信吧'，逢年过节都会问候一下。"

王源一直梦想着能成为一名出色的创作歌手，后来跟薛之谦熟了，薛之谦讲过很多次，他说："你想学写歌，可以来找我，我都可以教你。"

但是王源没有去找他，王源知道，薛之谦是真心的，他一定会教自己，但是"我觉得他很忙啊，因为他红啊，对吧，因为他红啊"。

王源十分明白，红的人能忙到什么地步，他很害怕自己会给对方添麻烦，就计划着自己先打好基础，以后有机会再找薛之谦请教。

薛之谦在音乐道路上经历的起伏给了王源很多思考，他没有正面跟薛之谦交流过，就自己去想。王源说："他经历了从红到不红，再到红的这个阶段，他心态很好，就是不管怎么样还是坚持做自己的音乐，对粉丝真诚、对音乐真诚，没有浮躁，我觉得这是个很好的心态。"

17岁，人生没有经历大的挫折，王源只能靠着在一旁对别人的观察汲取自己继续前行的营养。

出口

王源在大众面前表现得越得体、越成熟，作为母亲，就越心疼、越放心不下，明明该是被照顾、被宠爱的年纪，但王源早早就进入社会，进入的还是瞬息万变的娱乐圈，她有时候想，同龄的小男孩哭一顿闹一顿就没事了，不哭不闹的王源，他心里的委屈和压力，要找谁去说呢？

父母没有办法给他更多的照顾，有时候坐飞机去看他，因为王源正忙着工作，也不能马上见到。录节目或参加活动常常不能开手机，所以李咏芳打电话给儿子，经常要经历不知期限的等待。

李咏芳也很少跟王源说娱乐圈的事，只是反复地说着："要注意身体，不要落下功课。"

和大多数的母子关系一样，对于母亲的担心，王源总是不断给母亲减压，不断地跟母亲说："我很好，我没事。"永远报喜不报忧。去到任何地方，不管行程多紧，王源都会绞尽脑汁给家里人选礼物。

李咏芳经常做梦，梦里都是王源小时候的样子，她太想有机会弥补一下王源那些没有陪伴他一起成长的年头，手机里存的也是儿子小时候的照片，这两年的反而很少，化上精致的妆容、穿漂亮衣服的照片，李咏芳都没怎么存，她希望守住儿子生活中的样子，舞台上的、杂志上的王源属于粉丝、属于娱乐圈，那些离自己太远了。

不管愿不愿意，不管身后有多么殷切的目光，王源必须接受生命中大多时候是一个人的现实。

王源很早就懂得了人生来来往往的道理，他说起练习生时那班坐了两年多的公交车："我很清楚地记得，我上车的时候没有几个人，坐了几站之后慢慢就开始上人，上了很多，然后在4公里那个站，会下很多人，到南坪那一站人就都下完了。我现在都还记得很清楚，形形色色的人。"

一个人的时候，王源有时候会觉得无聊和孤单，但一切都在可以承受的范围内，"为什么要过和别人一样的人生呢？有独一无二的经历，没什么不好"。

一个人在北京的时候，王源喜欢骑单车，他可以骑得飞快，完全忘掉身边的世界，直到耳边响起呼呼的风声。

他最喜欢的运动是滑雪，穿上滑雪服、戴上帽子和眼镜，没有几个人认得出自己，从高高的雪道一冲而下，白茫茫的雪地里一个人飞驰，那感觉爽极了。

最快活的一次,是在河北一个雪场,王源滑进了野雪区,蜿蜒曲折地在树丛里面蹿,他从树中间滑过去,慢慢滑,很舒服,两边也没有人。王源记得很清楚,那片雪是没有人滑过的,你自己划了过去,身后轧出了一条路来。

王俊凯：18 岁长大成人

文 | 陈墨　编辑 | 赵涵漠

2017 这一年，作为中国第一个少年团体偶像之一，王俊凯出色地完成了社会期待——顺利考入北京电影学院，成立个人公益基金，出演第一部担纲主角的大银幕电影。在巨大的关注和声名中，18 岁的王俊凯在好学生、人气偶像和公众人物的身份之余，保有独立意志，展现了成为真正自己的努力及勇气。

正能量偶像

回校复习一星期，高三考生王俊凯就遇上了一次考试。"我还跟老师打赌，老师说，'你肯定考不过300'，我说，'我可以'。"王俊凯得意地对《人物》记者讲，"后来我赢了，他欠了我一顿火锅。"但因为太忙，火锅没吃成，老师就给他买了一箱矿泉水。

这次成功之后，王俊凯的复习陷入了漫长的瓶颈期，他说："我记得当时考了3次，3次的分数涨幅不大，有时候还会掉下来。反正就是感觉挂住了，当时觉得不开心。"这是高考前王俊凯最压抑的一段时间，这个苦闷的高中生找同学倾诉，结果遭到了"嘲笑"。王俊凯说："我朋友就是那种没心没肺的，他们就是那种，'哎呀，你要考什么试啊'。"王俊凯往沙发上一仰，学着对方笑起来。

但在王俊凯一家看来，高考是他必经的独木桥。这既是他本人的愿望，也是全家的期望，如果一切顺利，他将成为全家的第一个大学生。

起初复习跟不上大家的进度，王俊凯被安排在学校一间"小黑屋"里补课，课桌旁铺了一床薄被，是他午休的床铺，每天晚上回家吃饭睡觉。这个男生笑着对《人物》的采访记者吐槽："我妈其实比我本人着急，因为我从小家里对我的要求就是学习成绩一定要好，我妈也是觉得，一定要把学习成绩搞上去，等于一条出路嘛。"他的爷爷也抱着传统的期待——"我爷爷特别搞笑，我说，'我快去考大学了'，他说，'考大学好啊，考一个医科大学，找一个好工作'，我觉得我爷爷可能都不知道我现在在干什么。"说到这里，王俊凯露出虎牙笑了。为了让老人开心，王俊凯回答："好好好，我去我去。"

实际上，王俊凯只填报了北京电影学院表演系一个志愿，他甚至认真打算过，如果考不上就再复读一年。2017年6月23日，他的高考成绩第一时间冲上了微博热搜榜首，438分，比重庆表演影视类本科分数线高出98分，如愿被北京电影学院录取。

这成了王俊凯口中今年最"遗憾"的事，他说："你看我的高考，没有我最后一次模拟考试考得好。我最后一次考了将近480分！分数下来的时候我还想了一下，嗯，还可以，但是还差了一点。"

有粉丝总结了王俊凯高三全年的行程——包括十几场活动、3个月的电视剧拍摄、12期的综艺节目录制。他曾被拍到在飞机上做《5年高考3年模拟》，这不是特例，王俊凯平均每周都至少有一次飞行。

王俊凯真正回到学校开始学习，是距离高考只有两个半月的时候，他的任务是学完高中3年的课程。这也是从2013年出道以来，王俊凯在家时间最长的一回。

对于高考，王俊凯背负着比普通考生大得多的压力。"因为可能我们影响的人群会比我们小，有的是正在学习的学生，我觉得应该要让他们看到，我们在追寻自己梦想的情况下也能够把学生的本分做好……所以我觉得在高考这段时间，就是一定得让大家看到，我是可以在工作的时候也不落下学习，是靠自己的努力考进自己的大学的。"说到这些，他的表情变得严肃起来。

这是2017年12月12日的下午,王俊凯坐在公寓里宽大的沙发上显得很放松,没有化妆,刘海一缕缕地垂在眼睛上方。1小时后,他要去参加"双12"晚会的彩排。

他无疑是时下中国最炙手可热的少年偶像之一,他的微博转发量曾创下吉尼斯世界纪录。2016年,这个1999年出生的少年就以2.48亿身价登上《2016年中国"90后"十大富豪》榜,位列第6名。2017年他参加完高考后,受邀参加2018春夏米兰时装周,作为开场和领衔闭幕嘉宾在杜嘉班纳走秀,这是迄今为止中国男星登上奢侈品牌时装秀的最高规格。"我觉得他们看中我的可能还是人气上面这些东西吧,但其实我可以让他们看到一些新的方面,比如看到我的实力。"王俊凯坦承,会很想要去证明自己。

证明自己是王俊凯对自身的要求,也是他偶像工作的一部分。正式出道四五年,王俊凯对自己与粉丝之间的关系有着清醒的认知:"刚出道的时候,看到我们的形象,粉丝会想要帮助我们……所以想自己好好地去训练,让大家看到我们的进步……我觉得,其实在我们身上应该也有他们的梦想,这也是大家一块去追逐梦想的一个过程,也带给他们一种力量,大家都是互相支持、互相扶持的关系。"

在众多粉丝的支持下,TFBOYS迅速从互联网步入主流视野,2015年、2016年他们连续两年登上央视春晚。王俊凯本人也远远超出了通常意义上的青少年偶像,他曾作为代表,先后参加共青团中央优秀青年座谈会和中华全国学生联合会第26次代表大会。

一位参会的学生代表告诉《人物》记者:"两个小时的会议中,王俊凯全程背挺得直直的,不肯靠在椅背上。中场休息的时候,可能很多人就赶紧照相或是玩手机什么的,而他就在那儿做眼保健操。"

王俊凯对自己的定位有着清晰的认识，他说："大家觉得之前是一个小孩，出来闹腾两三天就过去了，但是到现在慢慢地大家觉得是一个正能量的偶像也好，大家对于我来讲是一个新的认识。我觉得如果带给大家的都是那种负面的能量，会愧疚。"

作为正能量偶像，2017年9月刚满18岁的王俊凯承担着远超自身年龄的责任和压力。早年接受采访的视频中，王俊凯时常表现出一种迟疑和拘谨。同龄人还在碰撞中形成三观的时候，他已经要开始为自己的言行负责。

"我第一次见他的时候，觉得这还是个孩子呢。18岁都不到就已经出道4年了。他有点拘谨，一言一行都很慎重，有点不像这个年纪的少年。可能出道太早了，都把他当成一个成熟的艺人去对待了。他也习惯了这种要求。"李冰冰这样告诉《人物》记者。2017年9月，刚满18岁的王俊凯成立了自己的工作室，他选择了李冰冰及她的团队一起合作运营自己的事业。李冰冰说："我们三观挺合的，所以能一起合作。我挺喜欢这个孩子。"虽然仍处在不能够承受的年纪里，但李冰冰感受到，王俊凯承担着全社会都已经把他当成一个成熟艺人的压力。

事实证明，王俊凯很好地消化、运用了自己的影响力。2017年9月24日，生日后的第三天，在他的成人礼上，王俊凯携手麦特文化和新阳光正式成立焕蓝梦想基金，第一个公益项目是与蒲公英儿童图书馆合作的"王俊凯启智儿童图书馆"，将以每年至少10座的速度在贫困地区创建优质图书馆。

这成为他在2017年最有成就感的事，"可以真真切切地去帮助到小孩，我能够看到这个项目是真的帮助到了那些需要帮助的小孩，我觉得很开心、很有意义的一件事情"。

演员的诞生

2017年12月21日,根据东野圭吾小说改编的电影《解忧杂货店》在北京首映,王俊凯首次担任大电影主角,饰演在福利院长大、内向敏感的少年小波。

放映那天,安检口设在影院外的广场上,所有人都凭票入场。一晚上,王俊凯跑了9个厅与观众见面,"黄牛"也在外面溜达了一天,电影票被炒到最低300元一张。

一场映前交流中,王俊凯一上台,就引起了粉丝的阵阵尖叫。他靠近董子健,两人一唱一和地与粉丝互动,尬聊了5分钟后,王俊凯一挥手笑起来:"哎呀,真的很尴尬啊!谢谢大家!谢谢大家!"随后王俊凯90度鞠躬退场,双手合十致意,回应粉丝的"我爱你"!

王俊凯18岁生日,粉丝发起了"海陆空"应援,除了LED大屏、车体广告等常规项目,还包括洛杉矶上空描绘18次"WANGJUNKAI18"的飞行表演、土耳其的高空热气球、一颗卫星发射,以及18颗星星命名,排列起来组成王俊凯名字首字母"WJK"。此外,他们还会用王俊凯的名义去非洲建音乐教室、助养濒危的海洋生物。

粉丝准备这些时,王俊凯正在军训。2017年9月24日王俊凯的生日会现场,应援活动的介绍铺满了几块大屏幕,唱、跳了一晚上的他看着屏幕,擦着汗,没有表现出过多的兴奋。

"其实会看到他们的一些应援,今年的一些我也看见了,他们去做了好多公益,其实我很开心的。当然,我觉得这些事,可能也会特别辛苦,所以我会特别心疼他们。所以他们也要能够照顾好自己再去做这样的事情。"说起这些时，王俊凯的声音柔和平静。

第一次见面时，《解忧杂货店》的导演韩杰就注意到了王俊凯的疏离，"有时候会眼神在别处……他是很敏感的，"韩杰说，"这是非常可爱的特质，对于塑造角色而言，恰恰是好事。"

"好多偶像自我有诉求，别人也对他有高度的塑造意识，这种内外塑造会导致一个人成为一个偶像，就是里里外外全是偶像。但是王俊凯给我的印象就是他有自我意识。"韩杰对《人物》记者说。

选择这样一位流量偶像出演，韩杰起初看中的是王俊凯的少年感。接触以后，他惊喜地发现这个已经拥有巨大声名的孩子，关心的不是自己戏份多少，而是人物的内心逻辑。韩杰说："他其实是带着疑惑来的，也是想问一些问题……他想了解到的答案是说这个人，这个小波，他是一个什么样的人，他为什么会这样。"

《解忧杂货店》电影版，片中有一场戏，王俊凯饰演的角色小波从小长大的福利院要被拆除，小波把自己关在楼顶天台上一天。关于角色情绪的处理，王俊凯自己提出了好几个方案，一直到开拍前在车上，还在跟韩杰讨论。"他很执拗，他是处女座，"韩杰笑说，"他要找到心里的依据，他就不固执了，就一切好谈了。找不着呢，他就一直固执怎么办，怎么办，导演，我觉得我不应该那么做、没有理由那么做反正经常是这样。"

为了这部戏，王俊凯特意请来中央戏剧学院表演系老师刘天池做自己的表演指导老师。他带着剧本去，自己吃不透的台词都已逐一标注，刘天池一句一句地给他分析，哪里是剧本确实不太合适，哪里是人物心理他没有理解。

在拍《长城》时就指导过王俊凯的刘天池敏锐地发现,"他有自己的想法,你给他讲,他'嗯嗯'地答应着,不怎么说话,但是如果说到和他自己的想法契合的地方,他的眼睛就会特别亮"。

刘天池引导王俊凯去打开自己,寻找角色的感觉。在《解忧杂货店》放出的排练视频中,王俊凯跪在地上低着头,抬起头来的时候如同变了一个人。

"你们俩有病吧,"他盯着刘天池冷冷地说了一句,"你们俩有病吧!"他从地上弹了起来,更多的咆哮从身体里迸出,手和脚开始踢打,刘天池后退了几步,身后的助理死死抱住王俊凯的腰,他依然试图挣脱冲上去。

"他就像个小豹子,他有那种爆发力。"刘天池很欣慰。"上一堂天池老师的课都是非常累的。不光是身体累,内心也是累的……但是演完了之后,真的挺爽的。"王俊凯温和地笑着描述。

这种表演和排练的状态最直观地体现在《演员的诞生》节目中。王俊凯自我介绍为北京电影学院大一新生王俊凯,作为助演主动登台表演,很多观众第一次发现,这个唱"跟着我左手右手一个慢动作"的小男孩儿长大了。

"这么具有讨论量的一个孩子能够自己提出来,勇于去挑战《演员的诞生》……王俊凯敢于去暴露自己的缺点,甚至是说准备暴露自己的缺点,我觉得他是非常有勇气和胆量的。"李冰冰在接受《人物》记者电话采访时加重了语气。

王俊凯与李冰冰合作后,第一次见面是在李冰冰家,她亲自下厨做了几道家常菜。"小凯吃得很香,说是最近吃得最多的一回,那证明我手艺还不错。"李冰冰很喜欢这个后辈,"这个孩子特干净,在他身上看不到一点儿脏和杂的东西。"

这位对自己要求极为严格的女演员开始了对王俊凯的指导,常发一些教科书级别的电影给他学习。2017年11月,王俊凯主动提出想去看宋丹丹等老戏骨主演的话剧《窝头会馆》,李冰冰带他一起去,演出中场休息还在给他讲戏。

"孩子非常真实地说,'姐姐,有的听得懂,有的我听不懂,但是我努力地听,我多学。'听到这些话,我很开心、很欣慰,然后呢,就更加让我觉得我愿意教他。"

李冰冰说,从王俊凯身上看到了自己当年对表演、对电影的憧憬和渴望。"我能感受到他对自己的这种热情和兴奋,这是一个表演者、一个演员身上最可贵的东西——对自己有期待。"

真正的自己

刘天池曾对《人物》记者表达过对王俊凯的心疼:"他们离生活太远了,他们周遭的世界已经把他们封闭了。粉丝爱他们,但好像也不给他们成为一个活人的空间了。他们不能上街、不能在生活当中观察,一个演员如果没有透气的空间,没有生活感受,他演出来的东西必然是干瘪的,谁教也没有用。"

在王俊凯身上,能明显地感受到被注视的不自在。封面拍摄的布景是搭出的地铁,王俊凯按照摄影师的要求,低头、抬头、摆着姿势。布光等调整的间隙，他背对着人群在白墙边，两手推着墙挺了挺身，没有和任何人说话。

这种初入人群的疏离感在2017年被集中放大。2017年9月，北京电影学院入学报到，拍摄的合影中，王俊凯因为坐得较远而被解读为"孤独"。

"我不是特别孤独。我其实真的是慢热的那种人……我宁愿选择一个人在上面待着，我也不会去很尴尬地跟你聊天。"王俊凯告诉《人物》记者。

他与"私生饭"之间的冲突也最直观地暴露在镜头前。2017年北京电影学院开学典礼大会上，有"私生饭"跟着进场，王俊凯扭头对他们说："你们进来干吗啊你们！"这场活动最终以他提前退场告终。王俊凯在接受《人物》记者采访时表现得很无奈："不想因为自己的原因把其他同学打扰到，就只有让他们出去，结果他们也不听……不听也没办法啊，还能怎么办，我还能去打他们吗……就只有我走了。"

因为担心被拍，王俊凯时常待在寝室或教室里。他对《人物》记者坦言："其实没有办法感受到完整的校园生活，也可能没有办法仔仔细细去观察生活。"

尽管如此，这个从小生活在镜头前的童星确实在大学中获得了一些难得的安宁。比如军训时，和同学一起睡14个人的大通铺，平时会和同学一起玩游戏，以及晚上去吃火锅，凭学生证获取六九折优惠。

很多普通的日常，都因为王俊凯的加入成了"传奇"。2017年

11月8日，《光明日报》"学生议"版块刊登了一篇王俊凯写的小文章，发布该文的那条《光明日报》微博被转发15501次，远远高于两位数的平均转发量。还有一次，2017级表演系的同学一起录制了"点赞十九大"主题视频，和同学们一样，王俊凯也发了一条微博号召大家点赞，结果导致了活动界面瘫痪。

另一个通过腾讯娱乐推送给微信用户的故事是，王俊凯课后被老师叫到讲台前，要求他摘下口罩验明正身，提及此事，王俊凯又笑起来："真的是下去让我摘口罩。"

这是一张不能轻易在公众场合出现的脸。几天前的拍摄中，从车上到摄影棚，短短几分钟的步行距离，他忘了戴口罩，早到的经纪人叮嘱工作人员去买了给他戴上。

这天《人物》记者采访进行到一半时，晚会现场通知他去彩排。王俊凯穿上羽绒服和白色运动鞋，去电梯口等电梯——没有戴口罩。

电梯门打开，里面已经挤满了人，他走进去站在前排，中间楼层停靠，他又走出电梯为旁人让路，与普通青少年并无不同，也没有人表现出任何异样。

王俊凯14岁出道，从那时起，这个少年偶像就在努力地从公众视野中挤出个人生活空间，他显然处理得不错——有几个可以随时打电话的好朋友。前不久，还和《高能少年团》里交下的兄弟一起去网吧玩游戏。

王俊凯甚至希望能有机会去农村体验生活，住上几天，好将真实的感受用在之后的角色里。但在现在，他主要靠案头工作寻找接近角色的方法，看纪录片、看相关信息，以及围读剧本。他很清楚自己的问题，"我现在没有那么地能够沉到角色里边去，在拍的时候或者片场可能会进入角色，但其实也会突然变回自己"。

导演韩杰说，在片场拍戏，一喊"卡"，王俊凯和董子健扭头就一块儿玩儿去了，要么就自己玩儿书包，"他一拍完就把那个书包拎起来，不停地挥舞，就是那种在屁股跟肚皮之间，来回地晃悠，挺可爱的"。

"俊凯给我最大的惊喜就是，他保持沉着却又不失孩子气。孩子气就是他举手投足间，我怎么看他都就是个孩子。但遇上一个很关键而且需要讨论的工作上的问题时，他又特别严肃、诚恳，揪着问题不放，找到清晰的答案。这两种特质并存。"韩杰这样评价道。

王俊凯本是练习生制度下养成的偶像，因为早早地在成人世界里打拼，形成了自己独立的三观。刘天池说不是他比别人优秀多少，但是既然他已经领先了，这种成熟会让他在之后的日子里继续领先。

刘天池第一次在《长城》试镜见到王俊凯，觉得他就像一个初中生的感觉，还表情丰富地告诉刘天池自己最怕蜘蛛。但同时他又有着超乎年龄的成熟——认真地讲述自己的规划。这让刘天池觉得，他是一个有很强的自我意志、对于自我发展有明确方向的人。他要成为真正的自己，而不仅仅是一个偶像。

在与王俊凯有关的周边采访中，受访者几乎都是王俊凯的前辈时常能听到诸如"我要对他多些了解""看他自己吧""这你得问他"这样的说法。18岁成立了个人工作室，被称为"凯BOSS"的王俊凯也开始在工作上拥有了更多的自主性。"我在工作上会有一些自己的建议，对于工作上的一些事情，觉得都有自己的参与的话，慢慢地会有自己的判断。"王俊凯对《人物》记者说。

王俊凯说现在的节奏是他选择的,也是他自己喜欢的。进入大学以来,王俊凯减少了工作,"这是我自己想去做的决定,也是我的建议,因为我觉得需要这样一个过程,需要把自己的能力提上来。"被问及是否会担心自己有一天不红,坐在车上的王俊凯视线下移,放慢了语速,"说不会担心吧,但对于我来讲,我觉得其实不会担心是假的,但是也没有刻意去担心这样一件事情"

微笑很快又出现在这张年轻的脸上:"其实我觉得我失去的东西没有得到的多,所以我还是挺满足的,已经很满足了。"车子在穿梭并线,王俊凯淡淡地说,"我觉得现在的生活是快乐的。"

陈柏霖：爱情并不是爱来爱去那么简单

文 | 顾玥

陈柏霖在每周日播出的一档名为《我们相爱吧》的明星恋爱真人秀中与韩国女星宋智孝组成异国情侣。这是他第一次以陈柏霖，而不是李大仁或者张士豪的人格来展现自己的爱情观。对于爱情，他说："有时候爱情是很突然的，可能它在某一天的某一瞬间，'嘣'的一声就从你心里跑出来了。爱情可能只是在某一个抽屉里面，有什么东西震它一下，属于你的爱情抽屉就会出现在你面前。"

陈柏霖在《我们相爱吧》这档明星恋爱真人秀节目中，搭档韩国女星宋智孝组成一对异国情侣。他叫"女朋友"宋智孝 MOMO，宋智孝叫他 BOBO，她发音时要噘起嘴，这个别称在韩语里是亲吻的意思。

这不是陈柏霖第一次以"理想情人"的样貌劫掠大批女性的心。但这次的特殊性在于，他不是《蓝色大门》里狮子座 A 型血的张士豪，也不是《我可能不会爱你》中那个暖到会帮女生卸妆的李大仁。在《我们相爱吧》中，陈柏霖就是"陈柏霖"。

节目里，MOMO 和 BOBO 恩爱甜腻，喜欢他们的观众将他们称作"橙汁夫妇"。节目外，陈柏霖对《人物》记者说，大家看得这么入戏，他很惊讶。他说他不觉得自己很会"撩妹"，爱情观也没有戏中角色那么值得被讨论。在电影《再见，在也不见》中，陈柏霖一人分饰三角，独挑大梁。

在这部电影中，与他有对手戏的演员冯粒评价陈柏霖是个孩子，尽管在剧中显得隐忍深沉，实际上陈柏霖自己心里没有承载那么多事儿，而且"雄性荷尔蒙很强"。《人物》记者将这句话转述给陈柏霖时，他显得有些惊讶，追问这是谁说的，得到答案后陈柏霖回味良久，然后说道："很妙哦！"他摸摸下巴，认可了这个评价。

"人在谈恋爱的时候很容易被爱意冲昏头，回到很原始的状态。"陈柏霖说。此时他刚与新电影的工作人员吃完一顿大餐，海蟹和皮皮虾在胃里交战，血糖飙升，已经陷入很原始的食困中。陈柏霖舔舔嘴唇，不愿多说，吐出一连串的"随缘"。

在生活中,陈柏霖是个观察者,不太爱讲话,不接受任何标签,不对自己下任何定义,不把任何一句话说死。因为,"我永远是很开放的,我不想让别人来反将我一军"。他有洁癖,洗手、洗澡、洗衣服都是爱好,甚至每天检查助理有没有刷牙。有人问陈柏霖洁癖会不会影响他的感情交往?"如果那个人可以让我放下所有洁癖行为的话,那就完全没有问题。"陈柏霖说。但是哪怕再喜欢谁,他也不允许对方穿着脏裤子坐在自己的沙发上。

在身体和情感上,陈柏霖都与他人以及和生活本身都保持着微妙的疏离感。他说他平时压着很多情感,只有在角色中才能完全释放。这也许可以解释他在《我们相爱吧》中的出色表现。半真半假中,陈柏霖躲在"陈柏霖"的壳里,舒一口气,"很爽,"他笑了笑,"我终于不是平时的'陈柏霖'了"。

以下为陈柏霖口述。

1

接受《我们相爱吧》的邀请是因为那个时候经纪人说:"我们来拍一个电视节目吧。"

我也没尝试过这种类型的节目,所以就决定试试看。我不会排斥做任何事情,我觉得做任何事情都会给自己留下一些东西,不管是好的还是坏的,都是新鲜的。

《我们相爱吧》有点像伪纪录片,可是你又投入了很真实的情感。就像拍戏、拍电影都是按照剧本演戏，那不是真实发生的事情，可是为什么观众会对屏幕里的故事产生真实的感动，是因为演员对角色投入的感情是真的。其实有时候现实和拍摄状态还是会有一点模糊，有点暧昧。有时候你也不太清楚你到底在干吗。我真的是在谈恋爱吗？好像是。我正在表演吗？好像也是，那么多台机器在那里。但到了那样人戏合一的状态时，人也不会再去分辨"我是谁"的问题了，那个时候不再有剧本，也不再有陈柏霖，只有活在剧本中的那个人，你一切的动作，都完全是本色出演。所以演戏对我来说很特别，真的很特别。

《我们相爱吧》的节目中，与宋智孝合作，到目前为止都还没有冷过场。宋智孝生活中和工作中都是不错的人，她很善良，而且非常照顾人。

开始我会不知所措，因为每次拍戏都有一个挡箭牌挡在前面——那不是我。这个节目里，大家看见的不再是"李大仁"，我需要扮演我自己，这其实也没有什么，这归根究底毕竟还是一个电视节目，以娱乐效果为主，不是真实的。电影有设计，有一个概念——我们要讲什么？《我们相爱吧》可能就是一个生活过程，是真的让观众陪我们娱乐一下。台词没有想过，什么都没有想过，就是很自然地在生活，越自然越好。所以我可以很有自信地把自己的名字挂在前面，没有问题。

《我们相爱吧》的节目里我真的没有撩妹。我就是这样的人，我的行为是自然反应，我在录真人秀的时候从来没有设计过什么。

我在拍摄《我们相爱吧》时，跟拍摄其他作品的状态是一样的，专注于当下每一个在做的事情，最后它会有什么样的结果就是什么样的结果。

观众反应这么热烈我很惊讶。我本来觉得节目反响应该还好，就是大家笑一笑就好了。但大家好认真啊，明知道是看节目，又觉得好像是真的，但理智又告诉他们这是节目不是现实生活，所以他们自己也在拉扯。不过也不用我去替观众想了，如果观众可以投入地去感受节目，那才是节目的主要意义啊。

2

我可以接受别人给我贴标签，可以"被记得"就已经很好了，因为大家心里不是只有一个演员，一定还有很多选择，但千千万万种选择中，大家记住了你，这是一件多么美好的事情啊。就像我们说到阿尔·帕西诺，一定会说迈克·柯里昂（在电影《教父》中阿尔·帕西诺饰演"教父"的小儿子迈克·柯里昂）。阿尔·帕西诺现在已经七八十岁了，迈克·柯里昂是他三十几岁时演的，五十几年过去了，期间他也演过很多其他的角色，但任何角色都无法磨灭迈克.科里昂带来的精彩你还是会不由自主地叫他迈克·柯里昂。你会觉得对他不公平吗？不会，他留下了一个可以流传的经典。

虽然我可以接受别人给我贴标签，但我自己并不想给人或者事下太多定义或标签，事情没有绝对，所以我很怕去下很多定义——我绝对不会怎么样。不可能，我从来不会说这种大话，"我这辈子绝对不会怎么样"，我看过太多人讲这种话，又打自己脸，所以我不会去犯那个错误。

我不想违背我自己的原则，所以我选择不说死。从来不会自我限制喜欢什么类型的人、喜欢什么类型的物品。你真的想说喜欢什么类型，是很麻烦的。就像拍戏一样，我要遇到才知道，因为如果你设定标准的话，也许你期望的标准，自己也无法做到，那不是很糗吗？

我的爱情观是随缘，欢喜就好。我希望找到可以一起去看这个世界的人。

3

我认为的爱情是：有时候你喜欢一个人，你就会逐渐变成她的样子，染上她的一些喜好，这是相互作用的过程。

现阶段，让我改变的人可能是老师，也可能是一些导演。我自己会想要跟他们一样，追上他们的脚步，可以跟他们一起对话。对话的姿态是非常重要的，并不是话说得足够漂亮，你就可以跟人家平起平坐，或者是高谈阔论。你必须要有绝对的沉淀、绝对的热情，你才会到追寻你心中想要的相处方式。而你在追赶人家的同时，也在走向更好的自己。

比如我喜欢一个导演、一个作家、一个钢琴家，我就会想，他们受到哪些人的影响，就像是追溯历史一样，谁影响谁，谁又影响谁；都是有脉络可寻的。当你产生这个动作或行为的时候，表示你已经开始在慢慢地跟他们对话，慢慢地跟他们靠近。

爱情也绝对有这样同等的影响力，我觉得爱情最重要的就是互相影响，然后互相幻想未来，也许最后没有在一起，可是你还是会朝着那个曾经的蓝图、曾经心里感情的乌托邦去做。即使对方不是从前那个人，你还是会有一个主干，主干上的轴心和核心价值是不会变的。

对我来说，爱情的核心价值就是不断地学习。这样讲很笼统，可是我所谓的学习并不是学习知识，而是永远不要放弃感知，永远不要放弃敏感，永远不要放弃好奇心。我觉得能保持这些的话，就不会停止进步，会比较对得起自己，也可以给未来的伴侣一个更好的自己。

简单的爱情，其实很多人在十几岁、二十几岁的时候就谈过很多了。二十几岁末、三十几岁开始，才会渐渐发现感情并不是那一种单向线似的纯纯的爱，因为人已经不一样了。相爱已经不是以前那么简单的事情了。不单单只是外表，相处的感觉、你受到的冲击跟刺激也不会像以前那么简单就可以满足了，爱情的条件已经不只是互相投射，可能要双方都投射在同一个角度、同一个世界、同一个事件，然后来分享彼此的想法，你们才会互相吸引，互相吸引之后才可以一起走下去。

感情并不只是用感情来维系。可能是对于世界的看法，或观点、价值观，也会间接地撑起一段关系。所以爱情并不只是爱来爱去那么简单，我觉得是一种分享，是一种探讨、探索，一种实验，一种假设。

但我觉得相爱件事这并不是一个经验积累的过程，在你的恋爱生涯中，矛盾和冲突永远会不断地随机出现。

4

虽然我觉得相爱是人与人之间一场浪漫的想象,但我依然相信人是有灵魂伴侣的,也相信浪漫主义是存在的。灵魂伴侣这个词就很浪漫,我想要拥有这种浪漫。你不觉得灵魂伴侣这个词就很浪漫吗?

我希望找到一个可以互相投射,又可以把自己想要看到的世界投射在别的地方的人,我们需要方向相同,互相鼓励、扶持,然后各自成为更好的自己。但很多时候你心里幻想的那个"她",才是你的灵魂伴侣。

我有时候思考一个问题:我在想她的同时,她也在想我吗?我的想法跟她的想法一样吗?想法是产生在自己身体内部的。如果不说出来,你也不会知道对方是不是跟你同时感受到了一样的情绪。但这个怎么办,难道要打电话过去互相确认吗?你只能想,对方可能也跟你一样,然后怀抱着这样的慰藉继续生活。所以我才觉得,相爱是人与人之间的一场浪漫想象。

虽然我会怀疑灵魂伴侣的真实性,但是我觉得真正可以做到精神契合的情侣还是存在的,我要给自己留一点余地。真的是有可能发生的,只是我没有打电话确认而已。

如果我现在真的会被谁吸引的话,应该不会因为对方是否有才华、智慧。有话聊可能也是暂时的激情,是一个引子。真正的相处不是崇拜一个人的才华,而是希望真正喜欢一个人的灵魂,就是最根本的人。

现在这个社会有很多标签,比如说到一个人的名字、财富、社会地位以后,你还能找到自己的存在价值吗?可是我希望的是,我看到的就只是这个人,是灵魂最初的样子,地位与财富都是可以通过学习与努力去得到的,但是内在的善良与纯真的缺失却无法靠外力获取。

喜欢一个人,心里就会产生特别的感觉,那感觉很俗套,你真的会忘记世界在干吗,这种感觉虽然俗套,却非常重要,两个人一起进入一个只有彼此存在的世界,这太厉害了。这种感觉年纪越小的时候,越容易感知。学生时期,看到的多半是没有戴面具的人,因为年轻的时候没有外物干扰,心里只有一件事情。那时候也没有那么多事情要做,年龄越大生活越繁忙,成年之后我们遇见的人和物都和小时候遇见的大不相同,因为无忧无虑的单纯岁月已经过去了。

岁月漫长,但有些爱意不会因为漫长而消磨殆尽。就像我爷爷、奶奶一样,他们结婚很早,在一起生活快80年,我爷爷92岁的时候去世了,一直到他去世前两个月,他们都住在一起,从来没有分开。有时候我们习惯了爱情的存在,就会误以为它消失了,但在一些特别的时刻,它又会做出特别的反应,让你感受到它。所以爱情并不是每一天、每一秒都存在的,它会随机、时不时地出现。爱情完全消失转变成另外一种亲情了吗?它的确是在爱情跟亲情之间不断地转换,有时候还会变成敌人,关系不是一成不变的,它永远在不断地变化。

有时候爱情没有句号,很多人在一段感情结束后说自己要一切归零,重新开始。但这是不可能的。除非你真的像金·凯瑞主演的电影《美丽心灵的永恒阳光》那样,设定了一种"忘情诊所"可以删除人的记忆,你去"忘情诊所"洗掉了记忆,你才可以说一切都真的归零了。

5

我不会定义我自己,这太难定义了。我随时都在变,有时候是观赏者,有时候是创作者,有时候是看故事的人,有时候是说故事的人。我在我高中的朋友里不是最喜欢讲话的人,我是一个观察者,都是他们在那边玩耍,我在这边看。我属于这样的人,我也不知道我要什么,可是我知道我不要什么。

人是会变的,今天可以喜欢这个,明天可以喜欢别人。你无法去预测很多事情。我知道我自己会变。我的逻辑变化快,我的想象变化快,我的决定变化快,我的人格变化快,到底什么会变化,这些都是未知的。我也不想要给别人一个好像很死的答案,语气肯定地告诉别人一个答案,这样的事情,我是不可能会做的。

整个历史,人类文明的历史,一定都是会变的。大家都读过历史,为什么十年前跟现在就已经如此不同了?因为事物永远不会一成不变,人永远在变,永远都有欲望、情绪、喜怒哀乐,有不得不做的事。所以我觉得这是一种规律,无法改变,那就享受这个不断变化的过程吧,享受当下,做让自己最舒服的决定。

当你客观地分析完了,最后留下来的想法就会变成你内心会相信的一部分。不过只是在不断思考的生活是不会带给人快乐的,当你自在到忘记自己在享受当下的时候,才是最好的状态。像我这样没有办法停止思考、停止做事的人就会很累。我真的只有睡着的时候才停止想事情,这样的感觉很可怕。

在我的逻辑下,人也好,东西也好,可以让我开心,就表示它是珍贵的,它真正打动了我。那些令我感到开心的人和事物,是繁忙生活过滤后最精华的东西,那才是我在追求的。真正忘我的时候就是——"啊,这样!""哇,累死了!"不去掩饰自己的情绪。读一本好书,看一部好电影,娱乐一下,放松一下。如果正好它可以让你完全忘我,那就是最美妙的时刻。

我想要自在,这样我才可以灵活地去处理很多问题。我不需要去定义或解释我现在所有的东西,这一切都是感受,感受远比华丽的辞藻来得更真实。

辑
三

PART 3

寻 找

。
。

我 有 必 须 要 做 的 事

陈凯歌："霸王"面壁

○
○
○

文｜卢美慧　编辑｜张薇

陈凯歌一直有自己的世界。那个敏感的、骄傲的、少年心性的陈凯歌一直都在。只是他习惯了隐藏。有那么一个瞬间，他拿手扑打眼前的光线，喃喃地说了一句："十年面壁图破壁。"

壳儿

陈凯歌比约定的时间晚到了大约 40 分钟，也不是迟到，而是车开到楼下突然接到了电话，新片《妖猫传》的音乐录音出了点儿状况。40 分钟后，他挺拔地迈着大步出现在拍摄现场，一边用微信对接手头的工作，一会儿英文，一会儿中文，一边忙不迭地道歉——跟年轻时当兵的经历有关，陈凯歌是个时间观念特别强的人。

语速和音量都是陈凯歌式的，快而洪亮，只听声音的话，你不会想到这副嗓子的主人已经 65 岁了。

65 岁的陈凯歌尽力抵挡着时间秩序的拖拽，他拒绝身上出现迟暮之感，全身上下收拾得利落干脆，西装外套是清爽的蓝色，恰到好处地修饰了微微凸起的肚腩。

跟并非出自他本意迟到的 40 分钟一样，身处中国电影奇异的舆论场，陈凯歌和他的电影，同喜欢或不喜欢他的观众之间，一直存在某种无法消弭的偏差。

这份偏差在 2005 年《无极》上映的时候到达顶峰，在一个还没有魔幻电影的年代，陈凯歌希望借助一种新的形式讲述他所理解的世界，但电影上映后引发一片舆论围剿，《无极》也顺理成章地被当作陈凯歌彻底走下神坛的标志。

这位以严肃人文思考在中国影坛开宗立派的人物，在他未必多么喜欢的后娱乐时代里，一度成为众人消遣和调侃的对象。如果他严肃，人们会说这个人太端着了，都什么年代了，装给谁看啊！如果他不严肃，另一群人会跳出来：你怎么能不严肃呢，你可是陈凯歌！

采访中的大部分时间，陈凯歌都耐心回答问题，但当聊到当下拍电影的顾虑时，他突然话锋一转，掏出随身携带的小本子，煞有介事地翻到最新一页说："我今天总结了一下，你提到了有关陈凯歌的用词里头有：恐惧、脆弱、担心、顾虑、纠结等，我在你的眼中就这么一无是处吗？看见这些词我就想着我怎么做人做成这样了，我太没戏了。"

陈凯歌的敏感有时候会让人一惊，尽管裹着玩笑的壳子。工作人员说，有一次现场需要对导演做个采访，没有合适的凳子，就找了把道具凳来，陈凯歌一瞅乐了说："你们这是要审问我吗？"

陈凯歌用友善的玩笑抵挡着外界对他内心的窥伺，在涉及关乎他情绪变化的大部分问题时，陈凯歌都闪转腾挪回避开，绕无可绕的时候，他就搬出唐诗、佛法和王阳明，以致有采访过他的同行感叹："专访是两个人的较劲，陈凯歌这个对手，我们的记者从没赢过。"

但是他的发小、78级导演系的同学兼多年好友田壮壮给出了另一个答案，田壮壮说："面对外界，陈凯歌一直有一个壳儿，真实的他被紧紧地包裹其中，其实他是一个特别重情的人，但他只让大家看到他的壳儿。那个壳儿里边，了解他的人特别知道。每个人都有养成的一个习惯，就是会在环境中自我扮演。我觉得挺逗的，每个人都很不自觉地在演一个人，有时候自己还并不知道。陈凯歌如果卸了妆，他真的是一个很重情的人，很男孩子的一种感觉。"

要让陈凯歌卸下壳儿，就得喝酒，田壮壮说："只要喝酒，他马上就能给你敞开心扉了,而且能跟你痛哭流涕地说话。我觉得知识分子可悲和可笑的地方,其实可能是有个梦想吧。那梦想又是虚的,是一个挺乌托邦的东西,然后他们也知道自己实现不了。"

冰河下的鱼

20世纪80年代,对陈凯歌、田壮壮这一代人来说,正是乌托邦还没有破碎,除了梦想一无所有的年纪。

影评人李尔葳仍记得第一次见陈凯歌的样子,那是1986年的春天,这个时候陈凯歌已经拍完了《黄土地》,是中国影坛横空出世的焦点人物。

陈凯歌穿一身蓝色牛仔服,肩上挎着黄色军用书包,那时他还留着黑长的胡须,正是人生得意时。这是李尔葳关于陈凯歌印象最深的画面,在她看来,军用书包和牛仔服是一对很有意思的意象:陈凯歌从那个年代走来,带出的是长期被压抑之后,中国影坛亟须的魄力和锐气。

也是在这一年,陈凯歌在云南开始拍摄自己的第三部作品——《孩子王》。主创就四个人,导演陈凯歌、摄影师顾长卫、录音师陶经,再加上主角谢园。几个人凑到一起讨论,语不惊人死不休,一定要憋出特别好的想法,做出特牛的东西来。《孩子王》也是陈凯歌戛纳之旅的开始,当时参加戛纳竞赛单元的理由也特别简单,"当时的戛纳其实是中国电影对外开的一扇很大的门。我们那个时候年少无忌,哪个影响力最大、哪个最牛,就做哪个。"陶经说,那时候拍电影都特别纯粹，心里想的是这个东西怎么能呈现到最好。

这时期中国电影人的使命是寻求认同，《孩子王》和陈凯歌之后导演的《边走边唱》都入围了戛纳——那时候还叫坎城电影节，陶经记得，那几年每年的5月20号左右，他跟顾长卫凌晨的时候都会接到法国来的电话，告知电影是否获奖的相关情况。

那时候所有人身上都有一股劲儿，他们三个人当时有个破得可怜的音箱，拎到一座桥边，云南漫天都是星星，鼓捣好了，三个人就一遍遍地放德沃夏克的《自新大陆》，目的是要在云和月亮的流动中寻找灵感。"凯歌今天绝不会再做这样的事了。"陶经说。

20世纪80年代的陈凯歌，除了电影，还是名噪一时的民间文学团体"今天"的成员。北岛写的创刊词还是陈凯歌贴到电影学院的，其中有一句大概是包括陈凯歌在内整整一代人的心声："过去的已经过去，未来尚且遥远，对于我们这代人来说，今天，只有今天！"

将近30年过去了，"今天"成了昨天，陈凯歌还记得有一次他在玉渊潭公园的朗诵会上当着几百人朗诵诗人食指的《鱼群三部曲》：

> 冷漠的冰层下鱼儿顺水漂去，
> 听不到一声鱼儿痛苦的叹息，
> 既然得不到一点温暖的阳光
> 又怎样迎送生命中绚烂的朝夕？！
> ……
> 不要再沉了，不要再沉了，
> 我的心呵，在低声地喃语。
> 终于，鱼儿苏醒过来了，
> 又拼命向着阳光游去。

"赵振开（北岛）跟我说，你可想明白了啊，好几百人在底下听，你要万一忘词了，这事儿就砸了。所以某种程度上咱是文青出身，对吧。"今天的陈凯歌回忆起往事，脸上挂满一切往事皆已成烟的沧海桑田。事实上，在之后的人生里面，陈凯歌多次用鱼和水比喻人与时代、他的作品与时代的关系。

自由的时代来临后，陈凯歌们自然有说不尽的心绪需要表达。那时的陈凯歌无比自信，他曾同李尔葳谈起他对父辈电影人的看法："比如我父亲这辈导演，我常常对他们说，'你们有很多牢骚和感叹，可你们还有锐气吗？'我自己就觉得：我要没锐气，我就掏大粪去。"

第五代导演登上历史舞台的使命之一就是提供不同，上一代人的脸谱化电影陈凯歌是看不上的，他追求发自内心的表达。

经历过漫长的压抑青春期，陈凯歌的心中满是被压抑的炽烈。那时候的陈凯歌触角完全打开，看到滚滚逝去的黄河水，他想到的是整个民族的意象，"充满了力量，却又静静地、沉沉地流去"。他意识到民族的麻木，又感动于麻木之下蕴藏的沉默的生命力。那时候的他野心勃勃，又充溢着豪迈的诗意，希望用影像的方式把这种感情传达出来。

田壮壮回忆，当时陈凯歌刚一走，《黄土地》这个项目在广西就出了问题，等陈凯歌采风回来，厂里说片子不能拍了。当时片子的艺术指导是郭宝昌，郭宝昌给陈凯歌支着儿，说："你一定要把采风的所有的情况如实地讲给厂里，让他们觉得这个电影是应该拍的。"据说，陈凯歌把一屋子的人都给说哭了，于是才有了《黄土地》的电影。

陈凯歌后来告诉李尔葳，一个人一生能拍摄的诚意电影十分有限，"也就一两部而已"，他们一行9个人，一辆面包车，35万块钱，顶着老同志们的质疑和压力，拍出了他想拍的电影，时间和历史最终证明了《黄土地》的诚意。

几年后，一个山西的小镇青年在大街上蹓达时，看到了《黄土地》的放映消息，坐下看了10分钟，他就开始流泪，一直到影片结束。从此他立志要当导演，后来人们知道了这个青年的名字，他叫贾樟柯。

《黄土地》一战成名之后，陈凯歌接连拍了《大阅兵》《孩子王》《边走边唱》几部作品。

张进战是陈凯歌云南兵团当兵时认识的朋友，筹备《边走边唱》期间，两人在北京重逢，后来陈凯歌把张进战拉到片场当副导演。在剧组，亲眼见到陈凯歌的工作状态，已经当了几年导演，并且拿了不少电视剧奖项的张进战一度产生了放弃当导演的念头。"我在考虑我这辈子还要不要当这个导演。"张进战说，当时觉得自己跟陈凯歌差太远了。陈凯歌给演员讲戏，会讲这里面有什么哲学意味，讲很多画面之外的东西。陈凯歌有强大的知识储备和旺盛的表达欲，那时候整个人也有用不完的劲儿。而后两人开启了长达10年的合作。

虽然《孩子王》和《边走边唱》没有获奖，但当时入围已经很了不起，在此过程中，陈凯歌的信心得到不断累积，静候着爆发时刻的到来。

与此同时，中国电影进入20世纪最后一个十年，计划经济逐步走进历史，旧时代的一切都渐渐远去，冰河悄然融化，鱼群迎来前所未有的自由。

陈凯歌撒开的网里，终于游来了一条大鱼。

与《霸王别姬》有关的日子

"我们中国将来一定会有一部中国的当代电影史，或者是一部电影发展史，如果写到他们这一代的时候，就像我们的文学史一样，前面是个概论，在哪一年到哪一年出现了，比如说中国第五代电影什么什么，这是这个总论，但是翻过篇儿来第一章，一定是陈凯歌和他的《霸王别姬》"。拍摄《霸王别姬》是张进战一生都在怀念的日子，他曾经跟顾长卫多次聊过，怎么当时大家就都到了一个特别好的状态，每一个人都把聪明才智发挥到了极致。

整部电影拍下来，作为执行导演的张进战拿了3000块钱，他挺高兴，因为葛优也就拿了4000块钱。当时香港另一个剧组请他去当导演，开价5万港币。"天文数字了，我当然心动了。但是咱是搞艺术的，是吧？但真动了心了，就跟凯歌去说，我说，'凯歌，人家又跟我谈'。他说，'真的假的？进战，那片子咱们还能拍吗？''咱这什么片子啊，咱这奔戛纳啊'。"说完两个人一起哈哈大笑，继续投入到拍摄中。

"我们把自己的一切都交给这部电影了，就是把我们的向往，把我们的追求，把我们的热情，都交给这部电影了。其实当时那种氛围是让人很难忘的，就跟一个战壕里的战友一样，有一种生死与共的感觉。"编剧芦苇说那时的创作环境非常"健康"，他形容这个阶段同陈凯歌的关系是英雄相惜、相见恨晚。那时候大家都是穷人，都没有钱，陈凯歌总请芦苇喝那种极便宜的豆汁儿，或者吃北京菜。当时两人都没车，打的到什刹海，就对着湖面然后喝豆汁儿，畅论天下。

陶经觉得，这个阶段的陈凯歌，包括同时期正在拍《活着》的张艺谋，都到了创作状态最好的时候，这个"好"里有一项很重要的东西，陶经说："就是对世界无畏的童心。"

陈红第一次见陈凯歌正是在《霸王别姬》剧组，当初是想跟朋友一起去看巩俐和张国荣，却看到了在片场心无旁骛的陈凯歌，"他就看跟没看见一样，就握了一下手，因为他满脑子都在他的戏里头"。已经走过20年婚姻，陈红依然记得初见陈凯歌时对他的崇拜："啊，他站在台阶上，我站在台阶底下，他本来就高，哇，我基本上都是这样，就是头都快要耷拉到后背了，就高高地仰视着他，好帅啊！我觉得，好高好帅，感觉很有男人的力量。"

这个阶段的陈凯歌，自信而无畏。第一次面对强大的资本，他非常硬气，跟张国荣见面确认档期，张国荣因为正在修电影课程无法2月开拍，陈凯歌说："不行，一定要2月开拍，这样我可以有冬天和春天的天气与景色，你可以慢慢考虑。"

陶经在陈凯歌后期的作品中看到很多犹豫，而《霸王别姬》是不犹豫的，怎么处理最好，大家心里都有数。

遇到意见不一致的时候，比方众人熟知的程蝶衣的选角，陈凯歌起初想用尊龙，大家觉得张国荣合适，那就投票，4∶1，那就张国荣。

后来拍摄一场戏，张国荣跑到陈凯歌那里，说："不行，我这脸太干净了，得乱一些。"张国荣让助理亲他几口，助理不敢，陈凯歌抱过来就亲了几口，没一点儿犹豫。

陈凯歌后来说，《霸王别姬》是自己作为导演用情很深的一部影片，在拍摄结束后许久，他都不知道怎样从这个故事中脱身。正当他为此苦恼不堪的时候，却在某个夜晚梦到了张国荣：他穿着程蝶衣干净的青布长衫，依然是那双眼睛含笑对着我，静静地说：从此与你告别了。

但陈凯歌的后半生，始终无法同《霸王别姬》彻底告别。

陈凯歌曾同李尔葳谈起："我曾带《孩子王》和《边走边唱》两次去戛纳，未获任何奖项，这其中的痛苦只有我自己知道。有朋友问：'倘若你第三次去戛纳，还未拿到奖，你会怎么办，你是否会有崩溃的感觉？'我说：'没有，因为我能随时从零开始'。"

凭《霸王别姬》获得了世俗世界的一切荣誉之后，陈凯歌再也无法从零开始了。芦苇直言不讳地说，他觉得《霸王别姬》获得成功以后的那些场面、活动，"都有一种很不幸的后果"。

《霸王别姬》得奖后的第二年，芦苇有一次到北京，陈凯歌派了个戴白手套、开凯迪拉克的女司机来接，"那个场面就吓我一跳。他派人到飞机场接我去了，我一看，哟，这是一个加长版的凯迪拉克，戴白手套的女司机，还给我开车门，我进去一看，哟，里面美酒饮料琳琅满目。见到凯歌以后，我当时跟凯歌说了一句语重心长的话：'凯歌啊，成名以后你要受累。'"

芦苇猜，陈凯歌可能并没留心这句话。但芦苇本能地感觉，两人之间很清澈、很透明的关系消失了，"从他获得大奖以后呢，一切都变了，说话的那个口气、语境，他以大师自居的这种姿态，一下就把他和人的距离又拉开了"。

陶经觉得，经历巨大成功后高兴一下也无可厚非，他看到的是，陈凯歌对自己有了更高的要求，对一个电影的责任他有了负担，"因为他成功了，他是大师了"。

盛名之下，《霸王别姬》成了陈凯歌若有若无的纸枷锁。问题起初是陈凯歌什么时候拍一部比《霸王别姬》更牛的电影，然后变成陈凯歌什么时候拍一部跟《霸王别姬》一样牛的电影，再然后是为什么陈凯歌再也拍不出跟《霸王别姬》一样牛的电影。

冯小刚自传《我把青春献给你》中有关于陈凯歌的一处著名的闲笔：凯爷最适合待的地方就是象牙塔。每个民族，都会有这么两三位爷，国家再穷也得养着。任务单纯，只有一项，要拍就得拍对本民族极具认识价值的史诗，根本就用不着考虑娱乐性，越深刻越有认识价值。观众也是研究民族心灵史的少数学者群体，其他人爱看不看，反正也没打算从你们兜里把钱收回来。这样的一位爷，你劝他平易近人就等于是害了他。

2010年《赵氏孤儿》宣传期，陈凯歌在《外滩画报》上对这段话做出了回应："我不上他这套，原因是，今天这环境没人会听象牙塔里有什么声音。可以这么说，年轻人的心被技术征服，而不被好的传统征服，这是一个现实的情景。所以，不要沾沾自喜，觉得自己可以在象牙塔里。今天，已经没有象牙塔了。"

破碎的象牙塔

象牙塔的子虚乌有，陈凯歌或许早就清楚。在陈凯歌的人生故事中，偏离一直是根若隐若现的命运线。他想要的，和他不得不面对的，总有或多或少的偏差。

陈凯歌小时候去恭王府玩，那里有个《红楼梦》研究所，编辑们在紫藤花下喝着茶品评《红楼梦》的日子在他看来美极了，可以不用跟人打交道，那是他小时候的理想。如果没有意外，陈凯歌也许真会过上他梦寐以求的闲散安生的日子。

田壮壮说电影对于他们这代人的意义，是在一片混乱的世界中提供了安全感："特别小的时候，这个世界就完全赤裸裸地打开给你，你其实一直想找一个安全的地方，其实每个人都很想找一个安全的地方，电影对我们来讲可能是最安全的地方。"

陈凯歌在电影世界中找到了安全感，他说："电影多好啊，周围都是黑的，只有那块屏幕是亮的。"从《黄土地》的横空出世，到《霸王别姬》登峰造极，电影为青年时代的陈凯歌提供了足够的安全感。

1999 年，带着更大的野心，陈凯歌推出极具颠覆性的作品《荆轲刺秦王》。但是这次，等待他的不是鲜花和掌声，而是舆论的一片挞伐。在开启了商业化的尝试之后，陈凯歌开始有了不自由的感觉，因为外界的反对声浪，日本投资方要求陈凯歌重新剪辑一个版本，但剪辑后的版本票房仍不理想。这部片子被视作陈凯歌前《无极》时代最大的挫折。

"对于《荆轲刺秦王》，我自己是非常骄傲的，我觉得《荆轲刺秦王》也是一个，或某种程度上不被理解，或某种程度上是被低估的电影。其实这个话不是我说的，是那个拍《末代皇帝》的贝托鲁奇当着面跟我讲的。他说：'我在戛纳看了《荆轲刺秦王》，我认为戛纳电影节的评委们没有理解这部电影，这部电影是一部被低估的电影。'"过去了将近20年，坐在《人物》记者对面，陈凯歌的语气中仍能听出不甘心。

陈凯歌曾跟李尔葳聊到，创作这样一部作品是因为"我们不能让中国几千年的文化被'汉堡包文化'所取代。我们的文化影响遍及亚洲，但如此有深远影响的文化如果在我们手里完全丧失掉，我很伤心。我觉得我负有某种文化使命"。

他一直对"消失感"耿耿于怀。比如他在很多场合表达过对老北京的怀念。陈凯歌幼时在北京的胡同长大，他小时候起，母亲就拿一本《千家诗》念给他听。大槐树、垂花门、夕阳西下时花投在墙上的影子，在其记录少年经历的《少年凯歌》一书中，他深切地表露过自己这份怀念：那时的北京，仿佛是护城河里故宫角楼的倒影，梦一样安详，小风吹过，晃动了，却不破碎。它的古松和早梅，庭院和街道，都显出古老和平，而且骄傲。

但是一个缓慢的、平和的、骄傲的童年终究是消失了，终究是要被高楼大厦的水泥森林覆盖。

这或多或少隐含着陈凯歌的处境，他力求表达的精致在极速前进的新时代面前显出了不合时宜，这个问题在《荆轲刺秦王》时初步显现，并在之后，愈演愈烈。

李尔葳觉得，《荆轲刺秦王》几乎预见了陈凯歌后来面临的一切困惑。他脑袋里还是那个穿牛仔服的大小伙儿想的使命和责任，想的是华夏文明五千年，但时代已经变了，新世纪就要来了，走出象牙塔，此路不通，接下来该怎么走？

落空

2005年《无极》一连串的风波，引发了大家对陈凯歌前所未有的信任危机。关于"偏离"的宿命几乎到达极致，他既偏离了《黄土地》《孩子王》的艺术传统，也没有依靠中日韩三国明星的强大阵容，讨到观众的半点儿欢心。

但值得玩味的是，《无极》是2005年度华语电影市场的票房冠军。陈凯歌不止一次表露心迹，他拍电影，绝不是为了挣钱，想要的得不到，不想要的哐叽砸了过来。

陶经说陈凯歌的性格，"对作品来说，他很骄傲，完美主义者。所以说他又有他软弱的地方，凯歌有的时候非常敏感，我们原来有的时候都会哄着他"。

年轻时，陈凯歌常挂在嘴边的话是"要当个体面人"，但四面八方涌来的攻击让体面成为一种奢求，让力求体面成为一种笨拙。

和少年时面对伤害选择隐忍沉默不同，这一次，陈凯歌选择了反击，针对《一个馒头引发的血案》引发的舆论，陈凯歌当众甩下的那句"做人不可以无耻到如此地步"让他之后经历了更大的风波，但即使到今天，陈凯歌都不后悔，他觉得自己只是做了很本能的反应，骂完了就过去了。

李尔葳后来在电视上看到那个画面，说不出来什么感觉，她甚至很同情陈凯歌，那个她印象中穿蓝色牛仔服、意气风发的青年导演竟遭到如此对待，认识了 30 年，她知道以陈凯歌的气度修养，一定是愤怒极了才会说出那样的话。

近 10 几年，陈凯歌的每部电影上映时，都或多或少地伴随着争议。上一部电影《道士下山》，看到张震和郭富城饰演的角色在草地上滚在一起时，很多观众都笑了。"你完全不可能说我在电影里面设计一对好基友，完全是生死之交的两个人，一个人从战争里面把另一个人救出来，所以他们俩才会修那个，一个日练、一个月练。因为是有过生死之交的。"陈红说，观众的反应让她和陈凯歌很意外，因为这并非创作的本意。

还有期待的落空。《无极》和《道士下山》讲的究竟是什么，至今仍有人表示完全看不懂。

芦苇对陈凯歌的失望在《无极》时达到了极致，他认为《霸王别姬》时陈凯歌所呈现出的激情、敏锐，通通被一股迟暮之感所取代，但对外界表现出的，却是个空前膨胀的状态。"《无极》之后，他身上的那种豪气就没有了。到《赵氏孤儿》这个电影，给我的感觉就是，这个人、这个导演已经被人给啐昏了，我觉得他已经非常茫然，没有方向感了。"

某些时候，陈凯歌的状态让芦苇想到《霸王别姬》中的段小楼，电影中的那个"假霸王"。对于骄傲的陈凯歌来说，《无极》中堆砌的野心以那样的方式结束，对他来说一定是个巨大的打击。"《无极》之后，那种普天之下舍我其谁的豪气在他身上已经荡然无存了。"

自 2005 年《无极》开始，唱衰陈凯歌的声音便不曾断绝。许多人打出"霸王远去"的标题，以此表达对陈凯歌作品的某种失望。

这又一次同陈凯歌的初衷发生了偏离，拍摄《霸王别姬》时，陈凯歌曾多次表示过自己对程蝶衣精神世界的向往，"虞姬的迷恋多少反映了我自己"。而对段小楼，陈凯歌有过总结：段小楼的人生是"顺流而下"的人生，他的背叛半是自私，半是软弱。人是不必忙着为自己的行为找各种各样借口的，归根结底是人性的选择与决定。

各自奔天涯

新片《妖猫传》准备了 6 年，同剧组的很多人都会提到陈凯歌的孤独，有时候拍完戏，他会招呼一下服装造型师陈同勋："啊，同勋你过来，我们一块吃个饭。"那个时候能看出他非常累，但依然是那个一个镜头不满意能拍几十遍的陈凯歌。有时候坐在对面，陈凯歌会说一些他对戏的不满足，但陈同勋知道，并没有什么解决的办法，"他登峰之后的孤独是很难，但别人是无法从外部打破他的孤独的"。

美术指导屠楠的手机里一直存着一张照片，拍摄的是一场枯景，与盛唐时期的繁华对比的一组镜头，前一秒，诗酒狂歌，到了这一秒，曾经嬉闹的歌舞场一片衰草枯杨。

陈凯歌的工作习惯是，每次拍摄前都要到那个场景里溜达一圈，那天陈凯歌去得特别早，他自己在一片衰草丛生的拍摄地来回踱步，一束光打了下去，屠楠按下快门，那一刻，他觉得，陈凯歌是真的很孤独。

青年时代那种为了某个细节互相争到面红耳赤的创作氛围不复存在了，取而代之的，是"凯歌导演，这个怎么弄？那个怎么弄？"都是等他做决定的人，能与他争一争的人，都散去了。

芦苇说起《霸王别姬》结束的时候，他曾提议过，大家能坐下来开个会，把主创召集在一块，作一个总结，哪些方面是成功经验，哪些方面是失败经验。"凯歌当时嘴上也说，'对对对对，很有必要，很有必要，应该做，应该做这个事情'。"但是后来这个会就没有了下文，"现在已经二十多年，都快三十年过去了，二三十年，我们也从来没有开过这个会。我想如果开了这个会，如果有那么一次会的话，凯歌的电影道路不会走得这么弯曲"。

陶经觉得芦苇对陈凯歌的批评更多是"芦苇爱他嘛，很简单，一定要写出来他心目当中期待的东西，完了他就开始用他的那个方式去批评，我认为还是喜欢，不能说是爱吧，就是期待。芦苇和我们关系也很好，我们最近三个月之内还见过，所以说起来都是期待，到现在还是信任的，就是极度的信任，"他打了个比方，"再怎么批评，你把这个手术刀还是给了他了，你来帮我开刀吧。就等于是这样，假如芦苇有一个好的题材，他一定首先想到凯歌能不能拍，艺谋能不能拍"。

但是这群老朋友拦个面包车就奔后海纵论天下的日子，永远地消失了。

一起拍摄《黄土地》的张艺谋转行导演，30年中，不管本人愿不愿意，两人不断被拿来比较对照，至今未曾停歇。

拍完了《荆轲刺秦王》之后，陶经结束了与陈凯歌的合作，然后几乎参与了张艺谋的全部电影，陶经觉得张艺谋的优点在于直接，"要表达的东西在进入商业电影的时候，他会用直接的，用别人显而易见的那个东西去表达"。

而完美主义者陈凯歌，要敏感得多。"我们原来有的时候都会哄着他，因为他有些东西是特别犀利，但是有些东西他是特别敏感，导致了他有的时候那种犹豫。凯歌的犹豫肯定有，对吧，各种犹豫。"

张进战倒认为，这也是陈凯歌单纯和简单的一面——这个弯儿他绕不过来。所以张进战隐隐约约的那个希望一直在，"凯歌这个人，你让他静下来拍东西，他是一定能拍出好东西的"。

张进战也是自《荆轲刺秦王》之后就没再同陈凯歌合作，有时候张进战不免失落，当初是怎样诚挚的一种情感，大家在一块儿，多棒，多开心，怎么突然就都散了呢？怎么就突然过去20年了？

拍摄《无极》期间，片方有关人员来找张进战，距离《荆轲刺秦王》已经过去了几年，张进战一心想着，凯歌的戏说什么也要上，为此还推了原本答应好的一份很优厚的工作。但是来的人只想着怎么样能把张进战的酬金压下来。这让一腔热忱的张进战顿时掉进了冰窟窿，不是钱的事，哥儿几个在一起做事从来不是为了钱。他知道这不怪陈凯歌，这事可能他都不知道，但同时他心里也清楚，过往那种亲密无间的日子，再也没有了。

后来陈凯歌用过很多执行导演，但仍念叨张进战。有两个人专门跑过来找张进战，不为别的，陈凯歌老念叨，有时候他发脾气，嘴里喊的是："这要是进战在这儿，哪用那么费劲。"还有一次，张进战听人说，看到陈凯歌自己一个人在一个小屋里，头低着，在屋子里来回踱步,仔细听,他念叨的是"进战啊,进战啊"。

"其实只要一个电话的事。"张进战说这句的时候,终于没忍住一个大男人的眼泪,"我知道他有时候真的挺难的。"

拍《梅兰芳》那一年,陶经和陈凯歌意外在北影厂的录音棚里相遇,自《荆轲刺秦王》分别,差不多过去了整整20年,当时有一家国外电视台的记者要采访陈凯歌。陈凯歌的身边也有不少其他人物,让陶经意外又欣慰的是,陈凯歌对现场所有人说:"你们请出去一会儿,你们休息一会儿,我要跟我的……我要跟我的老同学叙叙旧。"陶经记得,那天就他、陈凯歌、王学圻三个人,半个小时,胡侃,大家聊得开心极了。

老搭档们各奔东西后,陈凯歌的妻子陈红,一个当年如日中天的女明星,心甘情愿地从台前走到幕后。陈红说,一是因为1997年她跟陈凯歌的大儿子出生了,而拍戏总是一走就个把月,做了母亲的陈红开始考虑到底演员应不应该继续做下去;二是,陈红看到了1996年拍《荆轲刺秦王》时,管理上的混乱,包括无谓的浪费,导致戏拍完了,还欠器材公司100万美元,当时她一屁股坐地上,懵了,五雷轰顶,只好把自己拍电视剧的钱全部拿出来偿还。"如果他要继续那样拍戏的话,我嫁给他,最后我不知道我过得会是一种什么样的日子,他必须要改变。"陈红说。

制片工作繁杂琐碎,"从找到你喜欢的题材,到去发展题材,到投资方的结构,到制作,到后期,到宣传,到发行……"为了电影建城更是一件棘手事。建《妖猫传》的唐城的6年间,陈红从北京飞襄阳的机票就有一两百张,早晨6点20的飞机,每次都是4点半起床,而且建城的钱是当地企业和政府投的,希望以文化带动当地旅游文化,陈凯歌这边只做艺术监工和艺术设计,真正花起钱来的时候,"你的监工就是无止境地跟投资方做斗争"。

20年下来,陈红成了支撑陈凯歌事业的重要一部分。有时候,陈红也能看到陈凯歌的不忍心,"觉得一个女人啊,完全为自己的电影变成了女汉子……当你感受到他这种心疼的情绪时,我就觉得我应该为他做更多"。

陈红崇拜着她的男人,她用"幽默的、霸气的、骄傲的、才华横溢的"这些字眼来形容陈凯歌,要不是陈凯歌,她才不会做这么久的制片人。大部分时间里,她觉得"他全身心地,在他自己的电影世界里头,他有一个世界是你走不进去的……也不知道什么叫走进去,什么叫没走进去,这个是很难分得开的,对吧?"

亲近谁,远离谁,终究是一个人的选择。不过,散了快30年了,张进战仍有个愿望:"我们现在也不缺钱了,也没有什么可图的了,能不能老哥儿几个再凑到一起,再跟过去一样,拍个很牛的电影出来,再痛痛快快干它一场。"

陶经倒是不敢那么天真了,他觉得现在比过去危险得多,"因为不是那个时代了,也不是那个心气了。大家互相的矛盾会越来越多,因为大家都在不同的道路上成长了"。但是想了想,陶经又说,"这个愿望是一直期待的,因为这里边有一个基本的保证,长卫不会变,我不会变,凯歌不会变"。

相信光

田壮壮认定,陈凯歌身上一直有没变的东西。比如2016年决定出任上海大学电影学院的院长,他完全可以不揽这档子事儿,但他揽了,"知识分子责无旁贷那个劲儿,他那种热血呀,报国呀,那种东西一直在"。

跟自己的消极不同,田壮壮说陈凯歌是一直相信前面有光的人。

谈及当今的年龄做电影会不会有紧迫感,田壮壮说:"我只希望早点走。生命这个东西当你不能再给予别人什么的时候,它就应该结束了。"而陈凯歌则有极大的热情,"好好生活啊,再过20年以后,生物技术的发展就可以让你奔140岁、150岁去了"。

服装设计师陈同勋从《无极》开始跟陈凯歌合作,他理解陈凯歌突然面对那么多围攻时的失态。陈同勋说,陈凯歌是一个极度折磨人的导演,当时他做第一批衣服出来,战战兢兢地等反馈,这时候突然有人跑来告诉他:"你等着吧,导演正拿放大镜看那些衣服呢。"陈凯歌是真的在拿放大镜看。

陈凯歌为拍《荆轲刺秦王》,搭了横店的秦王宫;为拍《霸王别姬》,搭了北影一条街;为拍《风月》,搭了上海车墩老上海一条街;为了拍《赵氏孤儿》,做了一座春秋战国城。此次新片《妖猫传》,历时6年,陈凯歌又建造了一座唐城。期间经历的辛苦让制片人陈红一度崩溃,她甚至撂下狠话:"我说你这一辈子如果还为拍一个戏造个城,我立刻跟你离婚。"

摄影师曹郁第一次跟陈凯歌合作,他每天最担心的就是迟到,于是总想着早点去,但每次去,陈凯歌都已经在那儿了。极度的认真是陈凯歌身上最让曹郁感动的部分，也是因为认真，曹郁更多看到的是陈凯歌身上沉重的一面。陈凯歌跟曹郁说，希望新片能拍出中国文人画的质感，曹郁找了很多资料，包括画册，搬着去找陈凯歌，其实都是技术性的资料，陈凯歌让曹郁等一会儿，他就坐在那儿，一页一页，把几大本画册翻完了。曹郁说，其实他不必这么做。陈凯歌心里，一直会给自己压力，这是他始终没有变的。

陈凯歌自己也举了一个例子："拍《荆轲刺秦王》的时候，我把我妹妹得罪了。怎么得罪的，是她带着北京糕点上横店去，那个秦王宫大殿刚修成，这儿我们正拍着，她提溜着点心走过来口中亲切地叫着'哥哥'，然后期待着一个大大的拥抱，我直接从她旁边走过去，我没看见她，我也没听见，因为我看见巩俐身上有一扣子不是我当时定的，为这事得罪我妹妹至少有5年。"

陈红说陈凯歌常常有一种顽童心理：这东西我没试过，我一定要试一下，不管付出什么代价我都要试。这件事开始之后，他便会投入无比的专注。这或许就是陈凯歌不断让大众错愕的原因，人人都盼着他回到《霸王别姬》，回到《黄土地》和《孩子王》，但天性好奇的陈凯歌一次次偏离自己的场域，看看能不能实现新的可能。

和陈凯歌所理解的专注不同，张进战觉得陈凯歌后期作品最大的问题就是太不专注，陈凯歌偏离了自己原本的艺术习惯，"他如果一直按照他原来的那个路径，坚挺地坚定下去，那绝对世界级大师，当之无愧的"。

但在陶经看来，这还是"张进战对他的那种艺术性的期待，我要对凯歌说的是，不管你走哪边，极端了就好，一定行"。他觉得陈凯歌"现在还在摇摆"，不如要么彻底艺术性表达，要么彻底商业化,"索性就是拿出两三年时间,拍两部,一个是极端的,你要表达的艺术上的对于人性关怀的一种不一样的点,还有一个索性就是撒开来去做一种商业电影,丢下包袱"。

有时想一想,张进战又觉得陈凯歌太不容易了。张进战说起有回张国荣特地来北京找他,张国荣说自己想当导演,张进战说:"别啊,你演戏多好啊。"张国荣说:"你也知道的。"张进战明白,演过程蝶衣这样的角色,大约没有什么再能真正激发他演的欲望。张国荣跟张进战说起自己的导演计划,正好是春天,他说选好了地方,那里桃花都开好了。

没想到刚到4月,张国荣就结束了自己的生命。张进战当时不知道张国荣正被抑郁症折磨,后来辗转听说,是新片投资出了些问题。

张国荣的离世在张进战心里成为一个美好时代彻底落幕的标志,回不去的不止陈凯歌,大家都回不去了。

不为所动

"我爸有一天生病特别严重了,他咳嗽,咳了一晚上都没睡。他喝了很多糖浆,喝完糖浆以后,他就有点晕,然后从床上摔下来,头撞到了桌子上。我妈就哭,她把我叫上来看我爸,我爸真的劳累过度,那时候《道士下山》有审查方面的一些问题,因为房祖名的事情。当时我很心疼,上楼看到我爸头上撞得都是血,在这样的一个环境下,在这样的一件事情发生进展过程中,我特别心疼他。"陈凯歌的大儿子陈雨昂说起《道士下山》时的这一幕,20岁的小伙子仍然替父亲感到不平。

电影市场成王败寇的定律注定让陈凯歌必须要承担与之相应的孤独感。但骄傲如陈凯歌,绝不愿意对外透露自己的脆弱时刻,他神采飞扬地说起前阵子差点又跟人打架的经历。

某些时候,灵魂深处安睡的那个少年就会蹿出来。前不久去游泳,结果游泳馆里一个大男人挤兑前台的小姑娘,陈凯歌听不过去,差点跑上前去打那个人。四十几岁时,陈凯歌有一次以一打六的经历,虽然最后鼻青脸肿,但他觉得特别痛快。

还有一次饭局,有人端着酒杯上来就喊"大师啊",陈凯歌端着酒杯,转身走了。他说,人们常把幸运的人看成伟大的人,其实他身上发生的一切都不过拜时代所赐。

如今,65岁的陈凯歌说起往事,直言"都过去了",他不太喜欢承认少年时代的经历对现在生活的影响,他说如果能有机会拍那个年代的片子,他现在想拍的是"小流氓的事,不那么悲苦的"。

倒是妻子陈红说起,陈凯歌至今依然十分讨厌声音大的敲门声,特别是晚上。所以他们家门口一直贴着一张纸条,上面写,"有快递就放在门口,不要敲门"。

陈凯歌乐于在人前展示一个充满力量的自我,他不愿意听到老这个字。在影片《妖猫传》的拍摄现场,镜头中有一点不满意他就蹿到演员当中去教。微信步数经常能到三四万。

陈凯歌身上童真的一面仍在。演员黄轩提到陈凯歌在现场的一个小怪癖,每次上完洗手间回来,他都会把擦完手的纸巾揉成一个团,然后站在导演监视器的帐篷的门口,往里面的垃圾桶扔这个纸团,这是他最爱玩的一个游戏。他每次都一定要扔进去,才进去拍戏,有时候扔十几次都扔不进去,他就一直在投,"像一个孩子,特别可爱"。

在采访中,陈凯歌难得袒露自己的那一刻,是说到他的少年心性。陈凯歌说:"我觉得我一直是这样,我觉得其实就是少年灵魂,是我最大的资源与财富。"

他罕见地直截了当里有一股你奈我何的劲头,"我其实从来就是这样,我这人不懂什么叫接受教训,就是说这事说你是不是出了什么岔了或者犯了什么错了,你是不是应该闻过则喜,知错则改,我这人不懂这个,换句北京人的话说,这叫没心没肺"。

在始终未消逝的童真和弥散在空气里的压力下,陈凯歌一次次进入自己心有所属的电影世界。

采访当天,拍摄过程中有一组镜头是陈凯歌面对一扇镂空的隔断门,他把手指伸到光打过来的缝隙里,观赏着自己手掌上的光线和纹路。有那么短暂的一个瞬间,陈凯歌拿手扑打眼前的光线,喃喃地说了那句:"十年面壁图破壁。"

正如田壮壮所说,陈凯歌一直有自己的世界,那个敏感的、骄傲的、少年心性的陈凯歌一直都在。只是,他不再像青年时代一样,会说出那些特别张狂而宏大的句子。在采访中,他几乎拒绝任何评价,也拒绝评价任何人,"都不易"。他几次说道,"人要学会不说话,我说太多了"。他更愿意表现出的是一种知足常乐的态度,"以前35万人民币拍《黄土地》,我到今天可以用两三亿的成本去拍一个电影,又是那句话,夫复何求"。

陈凯歌说起这天采访之前，一件让他特别动容的事："陈红跟我说，她看过在故宫修复文物的那些老人的一集纪录片，她说这些老人的手都特别美，她说这些老人荣辱不惊，别人攻击他们，或者说是赞美他们，他们都仍然一如既往地生活在他们自己的世界里头，不为所动。"

宁浩、黄渤、徐峥:喜剧的意义

○
○
○

文 | 靳锦　编辑 | 赵涵漠

人们也许愿意接受温暖的抚慰,但生活里的荒诞剧一刻不停。

喜悦和茫然交织

宁浩工作室进门左手边的书架上放着一个淡黄色的木制相框，里面裱着一张纸。正文就5行："中国电影股份有限公司：你公司送审的故事片《无人区》已经电影审查委员会通过。请制作完成片。2013年10月9日。"宁浩等了这张纸4年。

《无人区》是宁浩拍完《绿草地》之后就在思考的题材。城市人离开城市之后，如何一层层剥离掉身上的社会属性，而露出动物性的一面。他想起在草原的时候，上厕所脱了裤子都要先喷灭害灵，喷完了才敢出去尿，要不然就会被蚊子咬肿了。与自然赤裸相见，以及对人性的绝望，是《无人区》的主题。

这部电影寄托了宁浩自《疯狂的石头》《疯狂的赛车》以来的转变。宁浩形容前两部电影为"小人物的电影，是对世界关心的电影，是个游戏。不是关心人物的电影"。走这一步需要更大的市场决心。《疯狂的赛车》票房过亿，宁浩是国内继张艺谋、陈凯歌、冯小刚之后第四个"亿元俱乐部"成员，他完全可以继续"疯狂"系列。"他就是不满足。"黄渤说，"他不是一个纯匠人式的导演，干批发活的，来了我就可以干，我把它继续下去。他其实有一些自己想要的，对生命和人生思考的责任。"

但漫长而令人意外的推迟放映使宁浩本可预见的艺术道路戛然转向。十分迅速地，拍完《无人区》的第二年宁浩就开始筹拍《黄金大劫案》，票房 1.6 亿。黄海是宁浩工作室的前文学总监，他在看央视纪录片的时候发现了一个故事，然后建议宁浩将其改编成了现在的《黄金大劫案》。

同样受到影响的还有黄渤。当时有很多人物塑造类型单一的喜剧找他演，他有点烦了，就想通过《无人区》这个片子给大家打个招呼——"我也是可以这样演的"。

《无人区》对徐峥的意义比黄渤更加重大，这是他第一次在宁浩的电影里担当主演。宁浩的前两部电影中，徐峥一次出演被自己雇的杀手杀死的反派老板，另一次是卖墓地的老板，都只有为数不多的几场戏。拍完《疯狂的赛车》后徐峥对宁浩说："以后少于60场戏就不要跟我开口。"这次宁浩对他说："90场都是你的。"

"如果《无人区》顺利地通过，可能就不会有《泰囧》了。"徐峥对《人物》记者说，他曾对《无人区》电影抱以厚望，第一次从头到尾高强度地参与到电影的制作中，每天去片场要坐2个小时的车，车上都不断在想这个故事。当时他满怀期待，这部电影之后，许多导演会因此注意到自己的演技，"如果有很多人来找我演电影的话，我可能也不一定自己去导一个片子"。

徐峥从未预料到自己的导演处女作会成为华语电影的票房冠军。2012年末《泰囧》首映的凌晨，《泰囧》的主创在微信群里做了票房预测。预测最低的是七八千万，编剧束焕预测最高，4个亿，徐峥没有发言。

束焕当时在写春晚的小品剧本，春晚导演哈文每天敲门告诉他《泰囧》的票房有多少了。"开始还挺高兴的，过了5亿之后大家就不联系了。"那个微信群也没有了动静。"整个过程我觉得，沉浸在一种喜悦和茫然交织的情绪中。"束焕说。

《泰囧》最终获得了12亿创纪录的票房。事实上，在徐峥之前，宁浩的疯狂系列是国内最成功的商业喜剧之一。而他们共同青睐的演员、生活中的密友黄渤已经成为国内累计票房最高的演员，被戏称为"30亿帝"。票房神话的背后，是时代对于喜剧的巨大需求。

宁浩、黄渤、徐峥这个"铁三角"组合在过去10年内合作了4部电影，《疯狂的石头》《疯狂的赛车》《无人区》以及《心花路放》。他们三人如今已成为中国喜剧电影中三张最重要的面孔。喜感和茫然，是出现在这三张面孔上最具代表性的时代表情。

"亮刀刃"和"亮刀背"

十三陵景区，宁浩先生在那里接受一本时尚杂志的内页拍摄。天空中飞过一架无人驾驶的测绘直升机。"哟，这里有架飞机。"他模拟着飞机飞行的声音，"'轰——'看它会不会飞偏，'轰——'飞过去，就坠毁了。"直升机成功飞过了山头，宁浩却还沉浸在坠机的想象中，他转过头说，"一切都会走向死亡，一切都会失去，所以得放下。"

宁浩喜欢谈论这种形而上学的话题，正如科幻作家刘慈欣告诉《人物》记者，宁浩会与其谈论宇宙和终极。宁浩声称自己《心花路放》的主题就是"放下"，那是一个有关中年离婚男人南下进行一场"猎艳之旅"并最终得到治愈的故事。里面有许多宁浩电影中并不常出现的元素，比如大量的女性角色，以及看待主人公困境时展示出的某种温情。

电影的灵感来自宁浩的好友兼编剧岳小军的一段经历。两年前，岳小军有一些情感上的困惑，宁浩对岳小军说："三条腿的蛤蟆不好找，两条腿的活人还不满街都是，咱们出去看看。" 他们开着车一路从北京到广西北海，到了海边也没找到女朋友，两个人看日出，岳小军抽掉最后一根烟。宁浩问："好了吗？OK 没有问题，那我们回去吧。"

宁浩之前的电影以荒诞性和黑色幽默著称，治愈系故事很罕见。"更放松了。"黄渤评价宁浩。徐峥则希望这部电影能有好成绩，让宁浩看到这类电影的市场与接受度的可能性，"就是让人感到温暖的片子的可能性"。

人们也许愿意接受温暖的抚慰，但生活里的荒诞剧一刻不停。在十三陵，《时尚》杂志给宁浩配置了一辆灰色敞篷跑车帮他拗造型，他看着北京郊区的浓雾之中如同敞开伤口一样敞着顶棚的车，对记者说："敞篷车在西方是有道理的，那里地方开阔，不开都感觉不对。在北京你开敞篷车干什么？尤其是你堵在路上，旁边再开来一辆公交车，车上的人低头看着你，说你傻呀。"

但他还是去车旁边换了拍照的服装，就在他撩开上衣的时候，马路上开来一辆旅游大巴，车上的人好奇地围观着光着膀子、正试图套进名牌 T 恤的宁浩。

黄渤把宁浩的创作阶段分为"亮刀刃"和"亮刀背"。《无人区》时期的宁浩是刀刃，不会碰《心花路放》这样柔和的题材，但现在，他选择娓娓道来一些东西。

2013年秋天，宁浩在筹拍《心花路放》时知道了《无人区》过审的消息。张弛还记得那天他们回来继续到组里工作，宁浩反复地说一句话："哥们儿今儿比考上大学还开心。"

《心花路放》的摄影师宋晓飞回忆宁浩当时"笑得像个小孩一样"。《无人区》的剪辑师杜媛给宁浩发过一个短信：听说《无人区》要上了，真的很祝贺你。宁浩回了两个字：哈哈。

当《人物》记者向宁浩求证这些的时候，他面无表情，说自己当时并不真的相信会上映，"不既成事实我都不信"。真正的安心在当年12月3号电影上映之后。"踏实了，彻底踏实了"。

宁浩不愿多言《无人区》被推迟的影响，"没什么，没什么东西，接着干活儿"。

电影增补了女主角最终得到救赎的结局，而并非对人性绝望，一灰到底。宁浩坦言："每个电影都有自己的命运，那也是意识的一部分，每个艺术品也都有它自己的命运，包括任何外在的影响，它最后形成这个样子，那就是它的命运。《红楼梦》的结局也是它的命运，那就得是高鹗写的，那就不是曹雪芹写的。所以到底曹雪芹希望是什么样子，已经不重要了。"

啥意思啊，哥

重要的是什么？对于一名中国导演来说，也许是他们需要学会把握分寸感，并在框架中最大限度地取悦观众。在过去很长一段时间里,徐峥是一名试图与观众建立联系的话剧演员。他自上海戏剧学院毕业后做过先锋戏剧,其中1998年在一出叫《拥挤》的戏里,只有他一个人在舞台上,用肢体语言配合灯光舞美模拟"拥挤"的状态。尽管一些先锋戏剧满足了徐峥的艺术探索,但他却越来越质疑当时整体戏剧生态与现实之间的关系。他曾出演名为《野种》的舞台剧,讲大宅门之内一些比较隐私的故事。"这都什么玩意儿啊,你排这戏出来干吗?跟现实没有一点关联"。经典戏剧的价值也慢慢褪色,"比如你演了一个《日出》,你觉得很考验你演技,是吗?我们为什么要让观众看《日出》?《日出》和他现在的日常生活有什么关系?"2000年,他接演了《春光灿烂猪八戒》《李卫当官》等通俗喜剧。

宁浩也见识过20世纪90年代末的戏剧生态。那时他在太原市话剧团工作,排过英雄样板戏《好人徐虎》,每天装台卸台,挂大布景,看台上30多个演员对着台下七八个观众。他与徐峥对观众的认知最早来自舞台。徐峥曾做过话剧的全国巡演,看到即便在省会城市,看戏的人吃豆腐干、方便面,还带着孩子大声说话。

宁浩解释这就是一个艺术工作者所面对的真实的观众群体:"比如说你要拍一个电影的话,你要给所有的、全国的观众看,所以这里面有一个基础的基础。"

两部喜剧电视剧给徐峥的正面反馈让他觉得此路可行,而且受众广泛。戏剧舞台上无法与观众建立起来的联系,徐峥在影视中寻得:"我觉得所有的道路、机会或者选择,其实都是一点一点形成的。不是说一二三四五,五条路,我要走三,我非得把这个三走到底不可,我觉得没有必要去较这个劲。它来了,你接受,你可以做,就是顺其自然。其实你的轨迹是在过程当中慢慢来修正、转变的,有的时候人是想证明自己的。"

编剧束焕与徐峥谈剧本，每个细节想到的都是观众的反应。束焕说："自我表达其实要注意一个平衡，如果非要分个第一位的话一定是观众，这是我的理解，我对徐峥的理解。"

同样在 20 世纪 90 年代，黄渤也在整日与舞台下的观众打交道。他在全国各地歌厅巡回演唱，即便环境复杂依然乐此不疲。

演出了六七年后，黄渤慢慢发现了观众状态的转变。他以前跳舞，有时候"唰"一个平转跪在地上，作为结束性的舞蹈动作总能引发欢呼。突然有一天演出，他跳到那里，看到下边有嗑瓜子的、有聊天的，"当"就停住了，觉得跪不下去。

"我觉得不值，觉得真的还蛮侮辱人的——给这帮人这样。"黄渤说。那时脱离夜店式演唱进入乐坛的主流方式是参加青年歌手大赛，他也找不到途径，"都是电视台选送，你上哪儿参加去，都是那种苗子，或专业团体，你完全是野路子，你上哪儿参加？参加也够呛，实话实说，我真的唱得没那么好"。

那是黄渤最困惑的时候，姐姐让他回去做生意，许车许房。在本质生活与艺术表达的胶着之中，他接到好友高虎的电话，去试镜《上车，走吧》，从此进入演艺圈。

徐峥第一次看见黄渤是在《疯狂的石头》剧组："我当时觉得他好乖啊，好乖的一个演员。"黄渤还没有名气，只演过几个民工的角色，徐峥笑说："怎么有长这么难看的演员，不过很温柔。"

事实上，黄渤非常勤奋。之前在北京电影学院进修的时候，他一星期交 7 个小品作业，同学们只交 1 个。上学骑自行车就想着段子，想到生理性头痛，越骑越快，没看见马路上一个沟，"叭"就翻过去了。

等坐起来，继续想。在剧组，黄渤以表演方案众多闻名。有时候上大夜戏，已经拍了16条，黄渤说："我再试另一种。"宁浩就微微一笑，说："黄渤老师又要搞艺术创作了，好。"

黄渤在《疯狂的石头》里的角色是小贼黑皮。当时的场记尹哲感慨："黑皮是一个根本算不上人物的道具，但是他生生毙掉了所有主角的戏，都被他抢得乱七八糟的。"在剪辑室，宁浩指着屏幕上的黄渤对人说："这个演员能成。""想不到是在我们的戏里成了。"

徐峥则从与妻子小陶虹共用的邮箱中发现了《疯狂的石头》的剧本。他被电影的结构和内容所吸引，"是真正给中国的观众、老百姓看的一部电影"。他主动找到宁浩，称自己愿意出演。

宁浩给他的角色很小，尽管他当时是剧组最大的腕儿，因为《春光灿烂猪八戒》，拍摄地龙兴镇全镇的小朋友都来看徐峥。不过宁浩只能付给他一万块的红包，徐峥把红包转手给了助理，说："这是助理的片酬，我不需要。"

宁浩此前的两部电影都比较文艺，且都在国际电影节上拿了奖项。拍第三部的时候，他不想再拍跑电影节的电影了。"我也不能说我不喜欢文艺片，但是任何一个艺术家或者任何一种艺术家，都会希望自己的艺术交流是广泛的，而不是一个窄口的交流。"他曾在自己的访谈录中说道。

三人尝试去触碰最主流的观众，这种尝试绵延至今。

《心花路放》的原名是《玩命邂逅》，"邂逅"这个词很多人不认识。宁浩去理发，理发师说："哥，我听说你拍了个玩命啥玩意儿。"宁浩说："邂逅。"啥意思啊哥？理发师不解。宁浩说：

"我说出来都不知道,那就麻烦了,干脆改一个,改一个谁都认识的字儿。"

时代的脸

宁浩认为他们兄弟三人代表三个不同的阶层:自己是"流氓无产者",在大院长大,工人文化对自己影响深;徐峥是地道的上海人。在宁浩的电影里也总是扮演懂规则、有契约精神的上海人;电影里的黄渤则与徐峥形成有趣的反差,代表着广大的"第一代城市移民"。而这三类人,恰好是如今中国超过2万块银幕的观影主体。

"我们全中国人,除了上海人以外,第一次进入了现代城市这个概念,大家都或多或少有着不适应,这个就是我的主题。"宁浩说,"我的电影一直关注着农耕文明的转变,中国如何磕绊着向城市文明奔去。"

班尼路是黄渤饰演的角色在《疯狂的石头》中的一个植入广告。在电影里,黄渤将这个平价品牌调侃为:"牌子货,班尼路!"徐峥认为:"他(宁浩)特别喜欢表现城乡结合部的东西,就是班尼路牌子,基本上可以代表了他对我们中国现实的一个看法。"

徐峥在自己的电影《泰囧》中对阶层分野的描绘更加直接,他饰演的徐朗是城市新中产阶级,而王宝强饰演的王宝是城市新移民。"这是我们一开始就想好的,这两个人物所代表的人群,是我们一开始就想清楚的。"编剧束焕说,"比如说你在北京挤地铁,你能同时见到两种人,你会发现这两种人其实他们虽然都在一个城市,在一个车厢，但其实他们互相之间都是把对方当作另一种人，就是这个。这两种人就是中国最主流的两种人群。"

电影产业评论人王义之分析，现在进电影院的观影人群主要是新兴中产阶级。而中产阶级所面临的阶层压力巨大。宁浩说："我觉得它反映出来的，是被'成功'所绑架的一种价值观，现在很多人都深受其扰。"

"在这个市场上喜剧为什么受欢迎？"《人物》记者问宁浩。

"赚钱嘛。"

"为什么喜剧会赚钱？"

"因为现代社会压力过大，大家需要解压。"宁浩回答。

徐峥所代表的城市人往往是被解构的一方。《泰囧》里，束焕最喜欢的桥段是徐峥饰演的徐朗在小溪边被王宝临头一脚踢飞。那个时刻，徐朗这个急于获得公司股东授权书的商人，一路经历种种波折，到溪边时合同没了，人也落了水，还被王宝揍了一下。束焕实在解气，"王宝强揍徐峥的那一下，我觉得这个人的困境已经到了无以复加的地步，会觉得很好玩、很可笑，我自己想起来都会会心地乐一乐，我觉得我终于把你们这帮自我感觉良好的人打到谷底了"。

雷佳音则试图从演员观众缘的角度解释黄渤所获得的巨大成功，"可能民众从他身上找到了自己"。雷佳音在《黄金大劫案》里演小东北，别人也说他是屌丝。"我也没觉得我是屌丝，我也没想演屌丝。我觉得这个可能就像李安说的那句话'你去看一个形象，他没在看别人，都是在看自己'。"雷佳音说，"所以你要说黄渤的形象的话,我觉得是这个时代的观众找到了自己的反馈。"

王义之也有类似的观点:"因为明星是连接所有人的投射心理的一个渠道,我觉得每一个时代的明星,特别是黄渤,都是有时代意义的。或者说我们每个时代的电影,都是有时代意义的。"

对这张出现在宁浩和徐峥电影中的面孔,黄海如此评价:"不是黄渤长了张时代的脸,而是这个时代长了一张黄渤的脸。"

喜剧着,荒诞着

如今宁浩对生活中的一切荒诞性都保持兴趣。拍《绿草地》的时候,剧组住在草原上一个叫作"帝豪大酒店"的地方,8块钱一个房间,还睡俩人。"那是什么条件的酒店啊,叫帝豪大酒店,我觉得这名儿特霸气。"宁浩在《无人区》里的沙漠中心也安置了一个"帝豪大酒店",与此类似的还有"夜巴黎",一种不合时宜的媚俗。

在一次记者会面中,宁浩注意到一块广告牌——"昌平,苹果的极致诱惑"。他哈哈大笑起来,"'苹果的极致诱惑'就是荒诞"。随后的几次见面中,宁浩至少又嘲笑了3次这颗充满诱惑的苹果。

宁浩的审美偏好最初来源于画画,他热爱达利、毕加索、马蒂斯。"我小时候画画,好多将错就错的画,那种特别拧巴的画,我觉得是可以那么画的,所以整体上可能我就欣赏这一流派,整个荒诞流派我都蛮喜欢的,对时空的新解释,我都挺喜欢的。"

对于曾经身处贫瘠文化和暴力环境中的宁浩而言，画画是可以逃离现实世界的途径。他成长于太原钢铁厂的大院，"所有的孩子都是拿个链子锁上学，要不拿个棍子，书包里头放的是一些看起来不太安全的工具"。宁浩因此练就一身匪气。

青春期的宁浩将画画视为出路，"开始突然觉得好像打开了一扇门，原来世界上还有另外的东西，除了争强斗狠的那个世界以外，还有另外一个世界"。

宁浩所遭遇的最荒诞的事情大概要算高考体检查出自己是色弱，并不适合画画。宁浩深受打击，但仍然坚持了一段时间，直到在北师大成教上学后，郑洞天导演找他做执行导演。他想明白了，无论是画画还是电影，关键是有所表达。

接受《人物》记者采访的时候，宁浩对自己人生经历中的荒诞片段极为敏感，并充分展现了讲故事的能力。他讲到筹拍处女作《香火》，和电影学院的老师韩小磊一起到娱乐场"天上人间"去见投资的老板。师徒二人非常尴尬，韩老师就和旁边一位姑娘聊天，问姑娘是哪里的。姑娘说自己是电影学院的。韩老师说："太好了，我也是电影学院的。"

"我觉得那场面特别有趣，就在这种生存环境中，艺术和低俗之间是一线之隔，特别生猛。"后来姑娘走了，他们开始聊剧本。

徐峥则经营着另一种喜剧，他称之为深受戏剧背景熏陶的"尴尬"和"错位"。"宁浩所选择的荒诞的东西，最后它指向的其实还是偏讽刺，所以宁浩要做一个喜剧和我要做一个喜剧肯定是不一样的。我喜剧当中的部分更多的是一种尴尬，尴尬的处境，错位什么的。"

《泰囧》体现了徐峥的意志，王宝强的角色天真热闹，徐峥的角色疏冷紧张。编剧束焕说："两个人就是一个在尽力维持体面，但是不行；另外一个呢，不知道自己干的事儿不体面。"

宁浩同样认为他与徐峥的喜剧路线并不相同，自己也不太会拍《泰囧》这样的片子。"他是比较喜剧的表达，是一种比较，相对比较表现的语境，夸张一点的语境。我其实更喜欢不太露声色，就是表演什么的，我其实更喜欢写实的作品。"

宁浩回忆自己和徐峥聊天："我说咱们俩都是拍喜剧的，徐峥说：'我是拍喜剧的，你什么时候拍过喜剧。'""他总觉得我的电影里头藏着一点别的东西，总藏着一点不纯粹是喜剧的东西。"

《人物》记者问宁浩是否认为自己是个喜剧导演。"还行吧，我喜欢有趣的东西。"宁浩答。"和徐峥的区别呢？""我喜欢有趣的东西。"他又笑着重复了一遍。"徐峥呢？""他喜欢特别有趣的东西。"

忧伤的喜剧

满洲里的酒店里天光一寸寸暗下来，采访将近结束的时候，黄渤显出一丝疲态。他说自己开始有点抵触演戏，不那么想演了。在昨天去呼伦贝尔草原为《人物》杂志拍摄的车上，他表达过类似的意思，称自己这一段时间不太愿意接受采访，因为正好处在对职业犹疑不定的关卡。待到了拍摄地，黄渤突然放松了，在余晖遍染的草原上跑了起来，摄影师在20分钟内抓拍了600张照片。

黄渤现在每个星期都会接到几个剧本，创作的边界却在变小。刚开始演戏的时候前面充满了可能性，从拍第一部电影都不知道画框在哪里，到现在"怎么演怎么过"，他觉得自己需要停下来琢磨一下。

"你要再演一个戏去证明自己吗？好像不用，我要向别人证明我能演这个角色，或者我是一个多么优秀的演员，好像也没有那个必要。一些创作真的能点燃你，但现在很少能碰到那样让人很兴奋的剧本……找我的好多都是商业性的本子，是后来特效什么也都能做得很好的，那也都很好，真的去参与这个表演也可以。但是，你的票房数字又增加了或又怎样了，那实际意义是什么呢？这个就会让你挺困惑的。"黄渤站起身来，笑着问记者是不是觉得诧异，"我给了你一个这么灰色的答案。本来想的应该是一个积极向上的阳光，对，阳光小中年，没有想到是一个已经快颓了的哥们儿，是吧？"

黄渤现在迷恋画画，这是他于极端忙碌的档期内与自我相处的方式。他给记者看了几幅水粉画的照片，有花草，有色块拼贴。"我有一天在那儿画，画完我把东西放在那儿，邻居来了以后说：'哎呀，这你女儿画的呀，真好。'那个鼓励啊。"黄渤又无奈又好笑，"像一把刀，'哗'就捅了进来"。

在黄渤看来，宁浩也处于一个过渡期，他逐渐变得放松了，所以才会拍《心花路放》这样"松下来"的片子。以前的宁浩随时绷着，常教育别人，说张艺谋每天看书到凌晨几点，赶紧努力吧。他不缺剧本，随时储备着10个故事，这次终于"就是要过把瘾"。

不过，徐峥还是觉得宁浩太过严肃。徐峥当时觉得这个戏三下五除二就能拍完，可"看他准备得好像又特别严重啊"。宁浩的编剧团队采访了几十人，很多都是不同身份、不同阶层的人，光剧本就写了快一年。

宁浩最纠结的地方在于表达和意义，故事必须承接自己正在思考的主题。即便对于一部讲男女关系的轻松喜剧，他也要讲得形而上学。美术指导郝艺回忆，宁浩跟他说这个电影要有乌托邦的感觉，"什么叫乌托邦啊，我特别难以理解"。

"他永远是这样，你以为他会给你讲笑话，或者讲一些行业内故事，但他特别喜欢跟你讲道理。"黄海说。

中国电影唯市场至上令宁浩困惑，"离那个事物的本质那么远，离艺术的本质那么远，我们的电影，比方我们电影说笑点多少，但离电影的本质有多远、挣了多少钱，这事儿特别像一卖猪肉的我觉得，别人一问出来，'你电影挣了多少钱？'这个事儿我就搞得特别无语，我怎么回答这个问题"。

宁浩在车里接受过一次《人物》记者的采访，他看着眼前这条不断涌入新车的高速公路说："我还蛮担心的，中国电影工业现在就跟那条高速路刚修好那样，很热闹，钱赚那么多，但是能赚多久呢？"

将错就错

过了35岁，宁浩越来越确信自己无法做一个职业导演。以前还能有话说话，没话干活，比如做《黄金大劫案》这种分离情怀和表达的产品，但现在"没话就玩儿去了，不拍了又怎样"。他说大不了去画画，"至少有不打扰人的美德"。

在这一点上，徐峥比他更加市场化。他不排斥为市场定制产品，"《港囧》是定制的，所以我们要在里面植入一个主题……借这样的一个主题来唤起你在观影时候的通感，就是我在看的时候，会觉得角色身上的这种感受我有，'哎呀，我生活当中碰到过这样的事''哎哟，我同学就是这样的'。就是这样的，我们要的是这个"。

和3个人都合作过的摄影师宋晓飞总结了他们的特点："我觉得就黄渤来讲，他可能是从一个演员的角度去说这个话；宁浩呢，他更注重一个电影背后的意义，就是我们拍这个电影到底为了什么，我们想告诉观众一个什么道理，电影的背后是什么；徐峥呢，他会注意电影的整个喜感，我们要让观众觉得这个电影票值，我们要在整个的情节设置里丰富多彩。"

黄渤说《心花路放》的松散反映了他和宁浩现阶段的状态，而徐峥更意气风发，"12亿大导演啊"。但徐峥调侃自己的"中年危机"很早就开始了，他40岁之后才开始做电影。

过去12年里，徐峥觉得自己比较被动，有时不得不因为经济原因接一些不那么喜欢的电视剧，而且这个战线拉得太长了，"12年，应该压缩到四五年"。

徐峥反复提到时间，抱怨自己太懒，没有及早开始电影创作。他对时间的焦虑和父亲有关，大一的时候，徐峥的父亲得癌症去世，当时父亲不过五十几岁。时间的警钟在徐峥40岁的时候突然敲响，像时时绷紧的"倒计时"，"一过了40岁，哎哟，我瞬间就觉得时间不够用了，因为我爸爸五十几岁得癌就去世了，我算算，我如果到五十几岁，一共就10年，这10年过得有多快……《泰囧》放映的时候是2012年，现在已经2018年了，我觉得时间真的是不够用"。

《心花路放》剧组筹备不久，传来《无人区》过审的消息。和几年前的状态相比，3个人都发生了很大的变化。黄渤成了金马影帝，徐峥擒下当时国内最高的单片票房，宁浩打算放松地拍完自己的"最后一部公路片"，再去琢磨科幻。

过审那天，剧组的人从小卖部买了两瓶红酒，大家碰了一杯。当时宁浩戒酒一两年了，他甚至在右脚脚踝上文了"戒酒"两个字。不过文身的师傅认字不多，把"戒酒"的"戒"字少文了一撇。"错了就错了吧。"宁浩说，"那就将错就错。"

王千源：无慌不成精

文｜巴芮　编辑｜张薇

巨蟹男王千源总要花些心思安抚住自己内心丰富而敏感的情感："一开始当小角色慌，有了小角色之后，当男二号也慌，什么时候能让当男一号？当上男一号也慌，哎，这角色我都不喜欢。"敏捷的思维让他迅速找到了个妥帖的总结语——无慌不成精啊！

王一场

害怕、胆小、紧张感时刻盘踞在王千源身上。这位以演技精湛著称的男演员甚至拒绝被贴上"聪明"的标签，尤其在谈到演技时。

"不是聪明，就是你想工作好……你不能被困难吓倒，你得克服这困难。你懂我意思吗？"接受《人物》记者采访时，王千源爱用第二人称来指代自己，像是抽离出本身，谈论另一个人，也有人觉得这样像是在说教。

王千源诚诚恳恳地纠正了记者对他演得很聪明的评价，还讲了一个自己20年前笨拙地被"慌张"击中后的经历。

1997年王千源在《浪漫的事》中饰结巴环保主义者——陈昊。一个看似不起眼的小角色，他做足了功课，分析了结巴的多种类型，关于环保的那些台词都是在三联书店里查的，还跟着环保组织去听课，用他的话说，"前前后后体验生活的时间比拍戏时间还长"。虽然他准备得够充分了，但挑战还是来了。

有一场戏，王千源演的环保主义者听人说到要吃中华鲟鱼，于是就循循善诱地教导对方，可那天跟王千源对戏的群众演员本行是个相声演员，对方"咣咣咣"一通："我怎么就不能吃呢，你告诉我你干吗的，你把这证件给我拿出来，证呢证呢证呢。""你一句话都加不进去。"他愣在那儿，傻眼了。

这个场景剧本上可没台词，角色说啥全靠个人琢磨。怎么才能既把戏接上，又得符合这个角色的调调？趁着剧组重新布光，走着、想着、着急着，灵感来了，"来什么呢，就是有时候你一骂人家，人家肯定着急，你别骂，你得夸他，知道吧？"用这个策略，王千源重新设计了台词，"你吃中华鲟了，太好了，我一直都没吃过，我为什么想吃，我跟你讲讲啊……"中华鲟是什么季节性鱼类、从哪儿弄，这样的台词王千源一句都加不上，"夸他呀，你看中华鲟好吧，中华鲟就剩4条了，你可以在你家后院烤烤大熊猫"。这样连夸带损的台词，倒弄得对方哑口无言了。

这个角色让演员张译第一次注意到王千源，他说："演得太准确了，他的角色不是主要角色，但却是让我笑声最多的。"

导演张猛觉得王千源尊重每一个角色，无论是被称为"王一场"时演的《空镜子》里的娘娘腔陈果仁、《漂亮妈妈》中与巩俐吵架的路人甲，还是《荆轲刺秦王》中的赵使，张猛都觉得，每一个角色都是从王千源心底里出来的。也是从那时开始，王千源比主角还抢戏，成为业界"金牌男配"。张猛曾对媒体说："那会儿有些演员会要求我的对手必须是和我同等级别或者差不多的。听说是千源的话，就没有毛病，几乎都同意。"

可对此，王千源自己的阐释是："不是我有塑造能力，都是经过漫长的摸索过程的，我也不能因为演技不好得罪他（导演）呀，得罪他，万一以后给我个大活，没了。所以说就一点一点一点琢磨角色，不敢得罪人家，害怕，又胆小，还没经验。然后一点一点前进，又认真，认真再认真地去工作，累积下来，观众就觉得我好像能变换很多角色，其实也没有。"王千源最近又因为角色在减肥，笑得脸上皱出了好多道褶子。

胆小，自中考失利后，这种状态便一直伴随着王千源。

职高学了3年裁缝，考服装设计也落榜了，王千源去考父母的老本行——表演。考上戏、考中戏、考电影学院……表演系考、导演系考、美术班考、灯光班也考，就怕没学上。最终1993年，王千源被招入中央戏剧学院表演系。每到寒暑假王千源都要把下一学期的作业先找出来。第一年观察生活，第二年是小说片段，就是从看的小说里找一个片段出来，然后把它变成一个小人物。王千源每个假期都一定要找全两个作业，把作业踏实揣兜儿里了才回家。等开学同学找第一个作业的时候，他已经开始找第三个了。

"能得到这个学习的机会不容易。"怯生生的话语从一个能饰演出让人产生心理阴影的绑匪和恶警的一米八二的硬汉嘴里说出来，有着些许的违和，更何况那薄唇周围还蓄着肆意疯长的胡须，看着也不像是"善类"的长相。王千源向后陷入沙发，两条长腿在边缘伸开去，说："当坏学生当惯了，老怕老师说。"

逃课，踢球踢到天黑，坏学生王千源没考上高中。母亲打一把破旧的小花伞，走在沥青里嵌着冰棍杆儿的马路上到处去给他找关系、找学校。王千源回忆起那段日子说："就是那个炎热的夏天，让我成长了，让我知道，原来要好好学习，要不然你的痛苦就不是你的，也是家里人的。"

大学时的王千源做足了"好学生"的戏份，生怕辜负了这来之不易的学习机会。世界史、艺术史、京剧，包括英语课，所有这些他认为与表演无关的课程都被好学生王千源用在了学习表演上。他说："表演系嘛，就是表演，其他都是扯淡。"一场一场小人物演过来，入行多年后王千源才悟过来："表演不是表演，表演是对生活的认知，是你的知识，是你的阅历，是你对前世今生的判断。"

以幕景化、模拟现实场景、创造生活幻觉为特质的斯坦尼体系，是中央戏剧学院表演系主流教学基础。大三时，王千源和他的同学们开始看斯坦尼体系演技训练方法派的伟大实践者——罗伯特·德尼罗和阿尔帕西诺的电影作品。而方法派要求的，就是演员要在镜前幕后保持同角色一样的精神状态，标榜以体验融入角色的表演方式。

"他真的会一直沉浸在这个人物里，即使跟你聊天，他也会说这个人物，在这群人里，这个人物关系，你们坐椅子，我就会坐马扎，"大学同学周逵告诉《人物》记者，"王千源会把人物带到生活中来，尽量从外部、生活环境和规定情景去靠近这个角色。"

追随着德尼罗，王千源成了方法派的忠贞践行者。演独臂运动员，就用半个月时间练习单手与牙齿配合系鞋带；演《钢的琴》里的下岗伪文青就穿着条绿毛裤满工厂溜达，去找排队打饭的工人聊天，被人翻着白眼儿说他"卖单儿"。

2015年的春还未到，头脸油光黏腻的王千源穿着件翻毛夹克出现在周逵面前。周逵说："你怎么了这是？演戏了吗？怎么把自个儿造成这样？"王千源说："我7天没洗澡了，身上有股味儿吧？"他找周逵"喝一口"犒劳自己，说："我3天没怎么喝水了，我渴死了，我真的想死。"那时候王千源刚拍完一场《解救吾先生》剧中与女友在一起的赤裸上身的戏。

俩人坐在楼下的涮肉馆里，王千源又开始分析自己的角色，他觉得这个人物就像在野地或垃圾箱里找食的一个野狗，所以就照着这个路子走。王千源估计是演员中最爱看探索频道和《动物世界》的了，他总爱找出某种动物形态来设定自己的角色方向。

此后王千源不止一次向媒体说起那段经历："那个头啊，我也可以洗，但三五天不洗头，你捋一下之后你闻一下，那个味道是不一样的。你把你沉浸在那里面，闻到那个味道，你就容易相信自己。"王千源的寸头上没有卷儿了，手指也不能插进去捋一把了，但他还是抬胳膊胡噜了一下。他信服这套方法。

"我不是有灵性的那种人，我是属于那种必须得把功课做足了的人。"对于王千源在采访时这样的自我阐释，周逸和张猛认为那是"扯"，是故意在媒体面前表现得谦虚，"他在我们面前绝对不会这么说。他觉得自己天生就是个演员，说自己很适合走这条道路。"周逸哈哈一笑。

王千源包里永远背着重场戏，在飞机上、洗澡或刚起床时，他会将台词在脑子里一遍遍过。尝到了这套"笨"方法的甜头，王千源更不敢再轻易尝试打没有准备的仗，而灵光乍现的"即兴"时刻被王千源视为爱情里的一见钟情，可遇不可求。他说："你把一切工作做好了，你乞求的才能到来。来了，我们就是 99 分，不来，我们就是 90 分。"而在《破·局》中捏郭富城屁股的戏份就是王千源灵性爆发的时刻。

王千源不想再为失败付出一丁点儿代价，"别人拿钱让你工作，就是要你最好的水准。人看了你别的戏，觉得你在那儿肉还可以，到这儿注水了，这样的状况也不行"。王千源时时刻刻都显得小心翼翼，在《人物》杂志的拍摄现场，每组动作结束后，他都会跑去屏幕前回看照片，"还是不笑得好吧？酷一点"。

"光着腚"的影帝

"王一场"终于接了个大活儿,男一号,是师弟张猛找上门的。高、瘦、带着东北业余文艺爱好者的气质,剧中主角陈桂林的形象一直变换成王千源的脸,从张猛脑海中往外冒。

2009年深冬,王千源正连轴转地串组赶戏。半夜两点,王千源穿着绑腿的八路军军装在影视基地候场时,张猛来了,说有这么个电影,在东北老工业基地下岗的伪文青陈桂林,离了婚,会拉手风琴的他组了个小乐队唱红白事,陈桂林一心想把女儿培养成钢琴家。因为女儿"谁给买钢琴就跟谁",为将女儿留在身边,陈桂林组织起曾经钢厂的哥们儿帮他造一架钢的琴。

"'我最喜欢的就是你了',喜欢吗?你找不着演员,你找我。"王千源双手一撑,笑着往前探了个身,说自己当初都上当了。但剧本他确实喜欢,就像里面的陈桂林凑人造琴,王千源找上周逵凑人演戏。

"那个剧本吧,我不知道他是怎么看的,我看完之后,我说这种电影会有人看吗?"周逵觉得这剧组完全像一个草台班子,而王千源居然还为此推了当时姜伟那么"人人都愿意去为他演戏的那么一个导演"的电视剧。"他抛下了一切赚钱的活儿,演了这个《钢的琴》,《钢的琴》不赚钱。"时至今日,周逵的语气依然显得那么不可理解。

但周逵不打算劝王千源,说:"他很拧,上学的时候就试过,他要搞什么东西,别人是劝不动的。"他记得王千源曾说过:"我身体里有一种欲望,逼迫着我做这个事情。"于是周逵松了口,他说:

"欲望这事那谁能劝哪。"

姜伟那边的剧头款付了，服装也做了，对方剧组开车来找王千源，可《钢的琴》才拍到一半，周逵记得那会儿天天在楼道里对付那边剧组。人家说王千源："你有病吧，姜伟的戏你不上，你上这么个破烂电影，就算你演男一号，你能怎么着？演完了不就无声无息了吗？这玩意儿也上不了院线。"

王千源觉得《钢的琴》里有着自己的人生烙印。看剧本时，小时候工厂里一打铃，下班时涌出的工人，有人掂着饭盒碰撞出的"哒哒哒"声以及男生、女生发出的爽朗的"浪笑"，还有随工厂浓烟飘出的飞絮落在白雪上后雪里带的脏，这些片段会随着剧本的深入不断往外涌出，他说："这些都是我的记忆，但现在都没了。"

"还是算了吧，等它拍完了，碟出不来就自己压光盘，以后也跟孩子吹牛，说爸爸也是个愤青，也曾经干过没钱的事儿。"王千源说当时自己想着后半辈子天天拍电视剧，就算是没剧本的戏都认了。"一开始人家还不愿意，胆小，要是有人告我怎么办啊，没打过官司啊。"官司没打，最后王千源还凭借这部众人口中的"破文艺片"拿下了东京国际电影节影帝——在他38岁那年。

颁奖人是王千源从小喜欢的翁倩玉，"小时候看正大剧场，'爱是love，爱是love……'"他叨唠着偶像唱过的歌，如今的王千源回想起自己的偶像时居然还会带出一丝羞涩感。当年颁奖后，在一家桌子都起皮的餐厅中，王千源跟翁倩玉说觉得奖来得有点儿晚，"人家说不晚了，让我看看那一年坐轮椅上那位老导演——90岁了，终身成就奖。"王千源觉得那时的自己真是太幼稚了，"恬不知耻"。所以当有媒体说他大器晚成时，他再也不觉得"太晚了"。

暗中蓄了一股力

王千源起身将窗户推开个缝儿,新鲜的冷空气灌入干燥的空调房,使人一下清醒了许多。"我特别感谢那次得完奖之后,我没有冲上云霄,如果那样,我就废了,架不住,hold 不住。凭那种单薄的思想和人生观以及急于求成的小心态,"王千源摆了摆手,"就没有《解救吾先生》,没有《绣春刀》了。"

拿影帝后未能"起飞",像一闷棍打醒了王千源的美梦,王千源跟记者说:"但是让我学会了坚定,没有沉沦,你懂我意思吗?你要反扑,你要学会最后加速去赢。"

像以往一样,作为一个电视剧工作者,王千源接着演男二号、男三号,接着串戏。甚至连张猛和周逵都没有觉察出他心理上的巨大落差,周逵觉得他现在是已经想明白了,"他要想不明白的时候,跟谁都不会说的,还是挺内向的"。

此后的两三年,时间才将王千源带离那个对外界和命运不停责难的漩涡。"世界干吗要对你公平,你就努力工作吧。你下回再得嘛,你出不出名你下回都得再得奖,你以后不得奖,就证明你这一辈子就干了一次漂亮的活儿,你接着再干吗。"王千源的语气中带出了一股中年人特有的淡定与持重。"我没有一部戏就能红遍大江南北的本领和运气。"王千源曾在采访中说。

王千源暗中蓄了一股力,而这股劲儿终于在多年后的《解救吾先生》中爆发了。脱水、不洗澡、为体会剧中人物的孤独凶狠,甚至怕回家的温暖氛围扎破他培养起的阴狠状态……每一个细节都做到极致的准备,让有些人觉得"用力过猛"。而绑匪形象让王千源一"坏"走红，甚至有人觉得他在里面的表演比主角刘德华更出彩。

"'华子'这戏太丰富了。"导演丁晟曾对媒体表示，最初刘烨、刘德华甚至吴若甫在看完剧本后都想演"华子"，但丁晟在王千源身上看到了那股他想要的邪劲儿。像是一块馅儿饼终于砸中了王千源的脑袋，"什么事儿都是阴差阳错的，到你身上没有一战成名那种机会·。一开始没让我演'华子'，最开始我演的是警察。"因为跟预订好的演员之间出现了问题，王千源才接到了这块馅饼。

多年前得"影帝"奖时没能得到的掌声和鲜花此时飞向了王千源。"华子"的表演让王千源在 2015 年得到第 52 届金马奖最佳男配角提名。终于有人宣传了。而 2017 年王千源凭借这个角色又拿到了第 31 届中国电影金鸡奖最佳男配角。但从影帝的梦想高处滑落后，王千源说自己就像惊弓之鸟，不再对大红大紫抱有任何幻想。

但丁晟似乎并不十分满意王千源的表现，他说："生活中的华子比电影里呈现的还要狠，因为他并没有那样的经历，应该说王千源只完成这个人物的80%。"丁晟觉得是角色成就了王千源，"我有时候更愿意说是原始人物的素材让反派很好，不应该把功劳完全放在表演上。"

但坏人角色的剧本就像霍格沃茨的录取信一样不断从门缝飞散进来，演完《破·局》中的恶警后，王千源觉得自己在这类角色上不会有更大突破了，"我没有劲了，我演的是重复的，我还不如把那个劲留在我能再去探讨的角色上，"王千源又靠回了沙发，手里的桃也吃完了，"我爸爸经常跟我说，人一辈子有两三次机会能让演的角色好得叫人有印象就行了。"

王千源爱说"阴差阳错",伴随着他的生活跌宕和事业起伏,3个小时的采访中,他说了不下10次。像是一种对命运的屈从——一直喜欢演喜剧,但演喜剧的时候正剧出来了,没人找他演喜剧了,前一阵儿看警匪片、枪战片,现在看喜剧片,之后再倒回来看古装戏。自己年轻鲜亮的时候老戏骨霸台面,等自己拿下影帝成了戏骨,小鲜肉时代崛起了。

"真是难以捉摸是吧?"《人物》记者问。

王千源答:"但是再难以捉摸,也比没工作强。"

每一步都是走在悬崖边

王千源的微博粉丝有162万,不敌某些小鲜肉的十分之一。"他挺好玩儿的,他一直没有特别大红大紫,"周逵的嗓音里总像憋着笑,"还是拿作品说话,他就是这种人。每个作品都硬硬实实的,这就好。他特别希望大红大紫吗?"周逵反问记者,想了想后,觉得不是,"他不是要当明星,他是要做一个好演员。"

"我们这行,反正我见周围的人,真的很少有几个像他这么下笨功夫的,基本没有。"周逵觉得既然王千源下这个功夫,就说明他对演员这个行业很执着,"他不惜让别人白眼看他,说他神经病、不合群,但他真的不在乎这个。"

"原先年轻的时候老是幻想,结果幻想的都不曾出现,所以学会脚踏实地,"王千源右腿又叠到了膝盖上,泛出红血丝的眼睛看着记者说，"是你的就是你的，不是你的就不是你的，"一摆手，"你别老想那些没用的"。

王千源早就不对抗了，他说："你的命就是这样的，不是一炮而红。"

现在的王千源依旧串组演着男二、男三的配角戏，即使剧本里的人物很单薄，王千源却觉得生活有那么多可留意的东西，自己加进去就是了。年轻时那种急于求成的小心态现在已逐渐远离王千源。

毕竟是从小角色演起来的，张猛发现王千源对底层社会小人物的塑造有非常强的领悟力，他说："我看到千源呈现出来的东西，都是小人物身上的小善小恶，还有那种机智。"张猛最早受贾樟柯影响，关注社会底层和小人物的命运，他曾经跟王千源说过："我多希望我每一部戏的男一号都是你。"

巨蟹男王千源总要花些心思安抚住自己内心丰富而敏感的情感："一开始当小角色慌，有了小角色之后，当男二号也慌，什么时候能让当男一号？当上男一号也慌，哎，这角色我都不喜欢。"敏捷的思维让他迅速找到了个妥帖的总结语——无慌不成精啊。但现在这种情感因素已很少能左右他了，"今天没有《解救吾先生》，明天没有《钢的琴》，那就是电视剧，你拍不拍？你也拍，不拍我干吗？"王千源用一根手指轻轻搔了搔头，"人是挺有意思的，天天都找食吃，跟动物一样。"而他的粮食便是一部接一部的影视剧。

内在的自我约束力在不断攀升，王千源跟自己较劲儿——"这活干不好，怎么干不好？干不好也要干。身体不好调身体，状态不好调状态，感觉不好调感觉。对手呢？不要把责任都怨在对手上。

你俩是一个整体,应该更多地去帮助别人达到更好。"王千源会尝试着与搭戏的演员配合出最舒服的节奏,确保片子能呈现出最好效果,而不是再像以前互相比着演。

他的这种认真也作用在工作人员身上。小鱼在王千源身边做了近两年的宣传工作,"第二天如果有通告,我们还是会比较紧张。因为千源哥是一个对细节要求比较高的人。"小鱼告诉《人物》记者,他们总是尽可能在活动前一天把所有事情都对接好,"他喜欢那种,比如说通告或者是活动、拍摄进行起来,行云流水的感觉,除非是不可抗力因素导致了不能行云流水。"拍摄当天,路遇堵车,王千源晚到了一个半小时,楼梯走到一半刚一露头,看到记者便立刻解释是前面一辆客货两用车出了事故,进了二楼化妆间后,他赶忙钻进等着跟自己一起进行拍摄的张译休息室,又解释了一遍。

张译和王千源又进了同一个剧组,从2008年至今,两人合作了至少3次。"我觉得他的脾气、秉性都平和了很多,他对我们这些年轻演员多了一份慈爱,"张译咧嘴一笑,"我希望他不要怪我。"

人到中年后的王千源,早就褪去了年轻时那种七个不服、八个不忿的小愤青形象了。

但20年前,刚毕业的王千源们个个觉得自己是姜文,带着一身混不愍,是反叛情绪最厉害的时期。

周逵和王千源毕业后被分配到了北京儿艺,演儿童剧。王千源先是因能拿到北京户口,满心欢喜,但后来又因只能扮演石头、树和太阳等大自然而内心不服。周逵觉得最可笑的是王千源要演风哥哥。"这种浸入式表演道路,你想想那个风怎么演,你做一下功课。"周逵随着回忆在电话中笑得清脆。王千源让他"滚",后来他明白了,风哥哥就是站着一排风,类似于歌队的形式。王千源学了4年演人,结果去演了大自然。

王千源失落又焦躁,在送戏下乡卸车装台时,因不愿干而气得直跺脚——放不下身价,觉得自己是演员,凭什么要干这个。王千源还因此差点儿被开除。周逵觉得那会儿的王千源好像很焦躁。

"那时候也没见过世面,没参加过电影节,也没演过戏,总觉得要翻天覆地,其实不是。"王千源庆幸自己坚持下来了,回看过往,每一步都是走在悬崖边:"《钢的琴》,你要是软弱一下,就没有了,对不对。"

周逵说表演艺术家才是王千源的目标,张译觉得王千源不是纯明星的演员,他是纯演员的明星。

无论哪个,那个小心谨慎的王千源,都还在专注解决当下一个又一个的"心慌"。"现在接戏,每一个戏是新的作品,都有新的胆战心惊,因为你不能拿老套路(相似角色),还得琢磨。"

王千源45岁了,他感慨着"我也不知道我50岁以后会干啥",随即话锋一转,"活着真挺不容易的"。他想起了一位得了鼻咽癌的大学同学,瘦得跟南非难民一样。王千源得奖了说要把奖杯给他,"他说,'我不要,我要你天天给我发短信'。"

王千源已认清了人到中年的残酷,他说:"我们这个年龄也都是该掉头发的掉头发,该发福的就发福。每个人就开始往秋天走了,春天再也不是我的了。"但他又觉得,"用春天的心态呢,你可以朝气蓬勃啊,可能相对地稍微潇洒一点。"

有那么一瞬间,小鱼感到了王千源骨子里的孤独。春节后回来拍戏，王千源坐在一个大到显得空荡荡的化妆间中背一段夹杂着专业术语的长台词，化妆镜前一个高瘦的男人嘴唇不停地开合。那个背影，显得如此孤寂。

许知远：活着没什么用，死了就不行

○
○
○

文｜李斐然　编辑｜金焰

在2017年末的一个傍晚，许知远用了两个词形容自己的缺点，一个是浅薄，一个是轻浮。

这是灵魂

梁启超在每天傍晚 5 点复活，有时候在香格里拉酒店大堂，有时候在北京望京附近的咖啡馆。只不过，这种复活是有条件的，需要五星级酒店桌子的木质触感，傍晚阳光柔和的光线，耳机里要播放 BBC Classic 古典乐电台，还要有酒，并且服务员源源不断地在酒杯里斟满红酒，梁启超才会重生在写传记的许知远笔下。

许知远活得讲究，特别是在他认为与伟大有关的事情上，姿态显得很重要。世界上最伟大的作家都有特殊的写作习惯，许知远说，他也有。每次动笔前，他都要洗手，把每一页写好的文稿打印出来，以排版格式一页页铺在桌面上审视，行距 1.5 倍，字间距 110%，分毫不差。

不过，这个讲究的仪式总是伴随着混乱：他的一天从中午开始，也可能是下午，或者更晚；截稿日那天他可能交稿，更可能不交；在完成写作之前，他常常又冒出新主意，比如写个林语堂传、李鸿章传、钱穆传，最好去日本或者中国台湾转转再回来写……

对许知远而言，相比于赚钱，活着更重要的任务看起来更像是思考和做梦。他有很多愿望：收购《纽约书评》、练咏春拳、创造亚洲最有影响力的刊物、成为像埃德蒙·威尔逊那样的人，如果临死之前还有点儿时间，他还要找个维密天使一起旅游，谈个恋爱，然后再死。

许知远至今仍过着单身独居的生活,"不喜欢房间里有别人"。他也不喜欢看球,对篮球足球都不感兴趣,"不喜欢集体生活"。他唯一热衷的运动,是每天下午去游泳,一个人去。

没有人能左右他要说些什么,他会在颁奖典礼上,批评现场人很虚伪,都是在"假装点赞",也会在为公司的新节目做宣传时,毫不犹豫地解释:"因为公司需要收入啊!"

只是,坚定的个体自由,如同许知远的写作开场一样,都只完成了一半。他一度是中国最有名的年轻主笔之一,但因为报社的不自由辞了职;后来他差点儿创造了最有专业精神的商业刊物之一,但这也很快分崩离析了。

很多有思想的东西的诞生,都是许知远提出的主意:单向街书店、《单读》《东方历史评论》等,但很难说得出,后来他都做了些什么。许知远是一个想到哪儿说到哪儿的音频节目主持人,一个被人刷屏吐槽的尴尬视频节目主角,一个不知道怎么赚钱的书店老板,一个开会没点儿的刊物主编,一个拖稿的专栏作家。

在单向空间,许知远是类似吉祥物一样的存在。经营或执行都与他无关。有时候,他会突然冲着书店里的员工大声提问:"我们这个月能不能赚钱啊?"员工还没回话,他却已经走远了。现在员工们已经习惯,这是许老板的"一种象征性的关心",有时候,这位老板还会象征性地发一下脾气:要求整顿公司纪律,开会不准迟到。但他自己却一直保持着全公司迟到的最高纪录。

许知远说,这是自己的一大缺点,"我很浅薄,我喜欢知识,但是对纯粹的知识没有那么大热情和兴趣,对世界很多反应都是很感性的,不是思辨的结果"。他像是剖析实验白鼠一样,认真地描述着自己的毛病。他说："在这一点上，梁启超也有一样的毛病，我们都很敏感，但不深刻，可以给很多事业开个头儿，但真往下深究，就得靠别人了。"

于威和张帆是许知远的老朋友、同事，也是跟许知远一起创办单向街书店的伙伴。在他们的形容里，许知远是"天真的天才"，拥有"孩子般的单纯和热情"。

偶尔参加公司的产品讨论会，许知远会为大家念一段奇克果的书："审美的人追求快乐，然而他是以讲究趣味和优雅的方式来追求的。"

这样的许知远呈现在视频节目里，招致了讽刺与批评。网络评论里有人质疑他的"装"，有人批评他面对女性时的态度，还有人反感他说话时不断蹦出来的大词。这个一直贴着"以思想为生"标签的作家，一时间似乎成了公众集体嘲笑的对象。但在《十三邀》带来最大争议的一期节目后，马东在接受采访时这样形容他所理解的许知远："其实许知远是积极和昂扬的，我们俩那天喝酒还说，他就像苏东坡，是一个无可救药的乐观主义者。"

"从我的角度理解，这是因为他出生在一个中产阶级的家庭，还是独子，从小就很有安全感，他对世界的看法非常乐观。"李翔说，他是许知远多年的同事和朋友，"在一个大城市里面长大，又考上北大这么好的学校，毕业之后，还迅速地变得在一个小圈子里面很有名，少年得志的那种心情，它会影响你之后看世界的很多看法吧。虽然很多时候你会觉得这个人很愤世嫉俗，其实他本质上，底色确实是非常非常乐观的。"

许知远告诉来采访的记者，他很乐意看到以后自己的墓碑上，刻着这样的判语:"许知远——活着没什么用,死了就不行。"

"这很高级。"许知远说,"这是灵魂。"

怎么人们会对我有这样的偏见

2017年"双十一"即将到来的那个星期,许知远到深圳出差,录制《十三邀》。

这次他的对谈嘉宾是一个深夜情感节目主持人。许知远花了不少时间做功课,坐在通往对话现场的车上,他一直念叨着他对现场的无数想象——去找找现在的工厂,现在的女工还会听情感节目吗?过会儿见了北大的学生也问问,现在这些年轻人,他们怎么看待爱情的?

但是,现场并不似他的想象。在讨论他所关心的话题之前,几乎每一个见到他的年轻人都在向他提出质询:许老师你为什么老这么愤怒啊?你是讨厌这些嘉宾吗?你是不是天天焦虑家国天下睡不着觉啊?你老骂技术这不好那不好,但技术至少方便我们买东西、叫外卖了,你干什么了?

许知远只能一条条地为自己辩解:"我不焦虑、不愤怒、不歧视女性,没有中年危机,并不忧国忧民,倒头就睡,从不失眠,是一个享乐主义者,浅薄的、乐观的享乐主义者,跟我接触的人,都知道我是很真的人,我对嘉宾没有任何不屑,我那是对于整个娱乐现象的不屑,我对个人没有任何不屑,我跟他们私下关系都很好,姚晨有事儿会发短信给我，马东还会找我喝酒呢……"

后来，许知远给老朋友于威和张帆发微信，怎么人们会对我有这样的偏见？太奇怪了。他们怎么会这么想？"我并没有愤怒，我只是对于现实，提出一些我的质疑。但是在我们现在的环境里，轻微的质疑就被当作愤怒了。"

但是他表现出不屑于回应的姿态说："如果一个人能被所有人理解，这得是多么肤浅的一个人啊！"

对许知远来说，外界评价是不太重要的声音，事实上，他也根本听不到。绝大多数时候，他只关注来自自己的声音。

"有时候人们会把他当作一个娱乐名人，或者是一个想出位的知识分子，其实他不是的，"于威说，"他的虚荣心不是拥有粉丝，或粉丝扑过来找他拍个照，他最大的虚荣心是写一本真正代表伟大的好书。其他的都不重要。"于威说。

这个想象以外的现实世界，终归有很多地方让许知远感到不舒服，比如，人们对于消费主义的极度热忱。访谈时，嘉宾告诉许知远："你可不要聊太久，我晚上要给我儿子抢'双十一'的礼物。"于是，漫长的访谈在"双十一"抢购到来前结束了。晚上，许知远看着同桌的人紧张地刷手机购物，他连喝了4杯酒。

"你说，万一将来真的有一天，中国有一个节日，所有的人都在讨论托克维尔，你是不是会幸福得昏厥过去？"在座的另一个人问许知远。

"那我就会对这个产生新的怀疑了，这太可怕了。"许知远说，"那时候，我就会谈论'双十一'的重要性。"

伟大雄心

许知远渴望追寻伟大,这是他以一个知识分子的姿态出现在公众面前的一以贯之的形象,从未改变。他在 25 岁时就在自己的书的序言里明确地说,"自己是一位喜欢对世界进行广泛发言的知识分子,在我前面遥遥站着约翰·斯图亚特·穆勒、伯特兰·罗素、埃德蒙·威尔逊、沃尔特·李普曼、让·保尔·萨特……"

在某些喝多了的瞬间,许知远甚至骄傲到有点儿忘形,希望定义自己是"一个贵族",一个身边环绕着维密天使的"东方赫夫纳",一个类似于胡适那样的时代定义者,特别是在"定义时代"这件事上,他坚信能与他相提并论的只有贾樟柯,"我觉得我们青年这一代就我俩了,应该没有别人了"。

覃里雯第一次见到许知远,是在自己家里招待朋友吃饭的时候,而许知远是最特别的,他非常有激情,非常有亲和力,也拥有难以解释的巨大的雄心和自信。

许知远小时候在苏北乡村长大,父亲常常不在家,他跟着做女工的妈妈,6 岁才搬来北京。"一个普通家庭的孩子,家里非富非贵,他说自己跟埃德蒙·威尔逊这样的人有一种神秘的联系,他也能成为这样的人,你会觉得很神奇。"覃里雯说。

方可成见证了这个时间的许知远。许知远在北京大学的新闻学课堂上给学生讲课。方可成已经记不得当时许知远究竟说了什么,只记得他不停地在黑板上写着一个个他们从没听说过的外国人的名字,写了整整一黑板。"当时许知远不停地问,知道这个人吗?基本上整个上课过程就是说,你们真是什么人都不知道。"

那时候,许知远和朋友们闲聊时,最常提及的是一个德语词语Zeitgeist——时代精神。这个受欢迎的年轻主笔,想要名垂千古,想要巨大的影响力,想过特别刺激的生活。他的参照目标也都很伟大:亨利·鲁斯24岁创办《时代》杂志;胡适27岁引领新文化运动……

Burning,是他在形容年轻时的日子时最常提到的词。这个24岁的年轻人成了《经济观察报》的主笔,他的书写对象是整个世界。张帆说:"在《经济观察报》的那段日子,每周一的午餐都会变成讨论会,没人谈房价涨了,或是哪家餐厅好吃,大家在谈理想主义,谈哲学、艺术,谈大家现在觉得无用的东西。"

但现在,很少有人再谈这些无用的知识。在北大深圳汇丰商学院,5个学生代表跟对面的许知远对谈。这场对话在第一个小时后就陷入了困局,许知远的脸涨得通红,语速越来越快。他生气了。

"刚刚所有的问题,我看不到你们自己。我感觉我在跟一群网民说话。"北大学生关心俞飞鸿那期节目,关心这样一个被网络扭曲化的语言环境带来的问题,"你怎么关心这些呢?你们从网上带来的那些社会情绪问题,那就不是个体声音,也不是北大精英代表的声音了"。

"我不想被人认为是精英。我也不认为自己是一个精英。"一个男生这样回答。

这彻底把许知远气到了,"那你来北大做什么呢?"

"我觉得您说到的精英,改变时代的责任和使命感,不仅北大学生,每个人只要年轻都有。只是对于现在年轻人改变世界的方式,或者说我们的精英化、我们的做事方式,您不是很能理解。我们做事方式不那么尖锐,有时候也不会像您表达这么直白。"

这不能说服许知远。他并不认为自己不了解年轻一代,"你们非常好理解啊,被一些基本的人生渴望所驱动着,就是这些东西嘛"。想象以外的现场状况让他陷于持续的焦躁不安,对话全场两个半小时,他一直在讲自己的观点,直到结束都没想起来,他本来是要去跟青年对话,去听听他们的声音的。

对女性意识这块儿,我没那么敏感

在深圳,许知远最重要的一个采访是在一个办公楼的天台上进行的。从傍晚到天黑,他喝了一瓶又一瓶啤酒,烟灰缸被烟蒂全塞满了。这场对话,多半在讨论女性。在一些瞬间,他被问住了。

——你为什么要鄙夷姚晨?

——为什么要让俞飞鸿重看带有性隐喻的电影片段,还在一旁觑摸她的反应,你不觉得自己很猥琐吗?

——得罪了女人都不知道,你怎么谈恋爱啊?

许知远喜欢漂亮姑娘,这是许多人都知道的事实。许知远无法招架女性话题,这可能也是一个事实。对熟悉他的好友来说,这"姑娘问题",是阻碍他成为想象中伟大人物的一大原因。

姑娘,是许知远在描述美好生活时经常使用的名词,也是跟男人熟络关系时,为打开话题常用的必杀技——这里姑娘好看吗?上学、工作、插队的时候，你也谈恋爱吗？

这种方法屡试不爽，直到面对陈嘉映，这一招失灵了。陈嘉映非常认真地回答许知远："谈得特少……"这是许知远想象以外的答案，他马上回复："虚伪！陈老师！虚伪！不求真！"

值得肯定的是，面对批评，许知远是开放的。在那场女性话题尴尬对谈的返程路上，同车的男人批评女嘉宾，抨击她的提问纯属想红、想博出位、没想法、纯找碴，只有许知远没有参与这场男人的围攻，一个人站出来替女嘉宾说话："我觉得她挺好的啊，她给我挺多启发的。"

而在意识到自己曾经的发言有所偏颇后，许知远主动找到当事人道歉："当时给你们留下了那么不愉快的回忆，对不起啊。"

"对女性意识这块儿，我没那么敏感。"许知远说，"我觉得人的概念在这个时代被压抑了，所以我首先关注被压抑的人，至于为什么不对其中的女性更敏感一些？我没法面面俱到吧，还没有进化到这个程度。"

反省

在 2017 年末的一个傍晚，许知远用了两个词形容自己的缺点，一个是浅薄，一个是轻浮。

许知远定义的浅薄，是热衷感性认识，不够深刻。相比之下，轻浮是更严重的问题,"我对做出批评的姿态感兴趣,对批评对象并不是真的感兴趣"。

很长一段时间里,许知远对具体的现场不感兴趣,一切都是"从书本到书本",他认为只有在那里,伟大才会诞生。

2004年5月,阿拉法特病危,在巴勒斯坦的首都拉姆安拉,街头燃烧着轮胎,亢奋的青年打着标语游行。历史正在眼前发生,就在现场的许知远却站在电线杆底下,读一份酒店里拿出来的《纽约时报》。

当时的许知远这样解释:"阅读是一种逃避。真实而巨大的纽约、悬而未决的拉姆安拉,都令我茫然无措,甚至心生恐惧,而书籍、报纸提供秩序、节奏与边界,多么惊心动魄、不可理喻的事件都在页边终止,只要跳过几页,就掌握了历史的结果。"

从书本到书本的状态,终于在无数次重复后失效了。用词越来越重复,论据越来越相似,连批评的观点都开始雷同,充满了"许知远式的忧伤",这让渴望伟大的作家感到焦躁。

奥运会的前一年,许知远决定离开北京,穿行中国。"对我来说最大的改变,是让我从书本世界进入到一个更现实的世界……我开始逼迫自己去观察真实的世界。"许知远说。

在深圳采访时,许知远去了市郊的工厂。下了晚班的女工们聚在工厂外的小花园,和着强烈的鼓点节奏跳广场舞。女工身上的具体故事,承载着这个时代的种种信息,这也是许知远很想了解的真实。

然而,在这样的现场,许知远没说话,远远观望了好一会儿跳舞的女工后，他走到距离广场最远的大排档，坐下点了瓶啤酒。他拒绝去广场舞那边搭讪："我为什么就不能接受，我是一个非常害羞、内心羞涩的人？要是我能做到这些，我早就红了！"

最后，工作人员四散在广场上，试着找人跟许知远聊聊。在等待的短暂时间，许知远突然说道："中国有很多记者有原生态崇拜，我没有。他们以为每一个原生态的中国街头，都有完全不同的故事，我不这么认为。"

这就是重回现场的许知远，他并没能实现真正意义上的沟通，也没那么珍视具体世界的复杂性。但对于习惯想象意义的许知远来说，他去了现场，这已经算得上一点儿改变。

更大的改变在于，在不写梁启超的休息日之后，许知远开始记笔记——不再是虚无缥缈的感受抒发，里面出现了更多具体的面孔。他去了大火后的聚福缘，也到过已然空无一人的新建村转了转。诸如此类的现实是今天的许知远关注的素材，而它们都是一个更年轻的许知远不会在意的瞬间。

"这本书（《梁启超传》）让我变成一个非常 practical 的人，过去很多年轻人的妄想，现在变成很具体的事情。我现在不太讲那些大词了，我要寻找无数个细节去构筑这个东西，"许知远说，"我知道自己有很多局限性，反正也实现不了，那就尽量在能实现的范畴里做得更好一点儿，就没那么多内心的纠结了。"

他常常自己打车去新闻现场，记者放弃报道的地方，经常能看到留在现场的许知远。

旅行、音乐、酒和姑娘

41 岁这一年,许知远的单向空间终于赢利了,然而,他追寻伟大的愿望并没有实现,买下《纽约书评》的梦想越来越远了,他没有成为一个像埃德蒙·威尔逊那样的人。

纯粹的伟大开始变得没有那么重要,许知远开始拥抱之前认为庸俗、无聊、烦人的东西,比如美食和旅行的娱乐节目。"思想成就,我仍然渴望,但它不是我唯一的渴望了。"他说,"现在生活的乐趣来自旅行、音乐、酒和姑娘,就这些,还能有什么事儿啊?"

不过,那个追寻伟大的愿望依然会在每个傍晚 5 点到来。那种久违的 Burning 的感觉,会在写完《梁启超传》序言的午夜重回这个作家身上。不过,这事并没准儿。如果赶上作家先生犯懒拖稿,或者喝多了,那个愿望也可能一整晚都不会出现。

许知远所写的梁启超故事,偶尔会让人产生错觉,似乎正在阅读的是作者本人的经历—— 一个少年得志的年轻人,因为学识早早卷入了历史变革。他突然成为京城一家报纸的主笔,一时挥毫天下,没人管的时候多写点儿,御使要参他的时候,就稍微老实一阵子。

在文字中复活的梁启超不再说慷慨激昂的革命大道理,他活在一个个非常具体又充满人情味的细节里。进京赶考的那一年,这个来自广东的年轻人思考去哪里逛店、在哪儿吃饭。遇到康有为的他备受冲击,就像是"一个在补习班考试的人,突然碰到了罗振宇",人人都在说革命、变局,就像是现在时髦的人都爱大谈一番 AI 和 ICO。

许知远终于成了五环内甚至全北京最特别的一个创业者。他自由、散漫，满脑子无根据的天马行空。在单向空间，员工不知道许知远什么时候开会。比较准确的答案是，"许老师想起来的时候"。

"许知远给我的感觉就是，他的内心从来没有发生变化，包括对他热爱的东西一以贯之的激情，还有对他不喜欢的东西一以贯之的鄙视。"于威说。41岁的许知远，依然每天保持蓬勃的创作力，他还是常常突然拿本书，把正在楼上办公的于威拉下来，兴奋地描述新的写作计划，像是一场无穷尽的新想法发布会。

"我觉得老许是一个特别幸福的人，很容易被真正的思想的光芒照耀和打动，每天80%的时间都是被这些占据着。他是很难被我们所说的赤裸裸的现实生活侵入的人吧。"于威说，"所以有时候就会觉得你们这帮人太可笑了，他活得比谁都美啊，而且人家也不缺钱，从来没有过过那种穷酸和窘迫的生活。"

现在许知远的书能够以精装本的形态出现，"享受一名中老年作家的待遇"。虽然偶尔还是会做一下梦，期望自己的书能卖得像周杰伦的唱片那么多。冬天冷得不愿动笔的时候，和书店里的猫一起窝在暖气旁的沙发里发呆、思考、想下一个选题。

"如果说我们的工作有一些益处的话，我觉得是在世俗意义上让人们意识到，原来这样遵循传统方式，依然是可以生存的，而且过得还不错。"许知远将这种意义定义为"无用的价值"，"能不能在一个充满这么多钢筋混凝土、这么多信息的焦虑之中，有一些小小的独立空间，大家在这里能够阅读海明威、听莫扎特、谈论那些非常不实用的东西"。

当然，偶尔还是要反抗一下的，虽然坚持"不看评论，不做解释"，许知远还是在隔天专门发来了信息，那是在傍晚写作时间发来的一大串理性回应:"解释一下我的不喜欢解释,因为我身上有一种对现实的疏离感,现实对我没那么重要。更重要的是一种对更恒定的价值的渴望……"

那么,这种更恒定的价值,找到了吗?

"在找啊!"他马上又回到了不耐烦,"这不得找一辈子吗?"

辑四

PART 4

自 由

○
○

事 在 人 为

段奕宏：站在水中央

○
○
○

文 | 卢美慧　编辑 | 金焰

从19岁到44岁，穿越形形色色的人群，段奕宏曾迫切地想成为他们，因为这迫切，他挣脱，他逃离，他穷尽所有去寻觅一个在这世上的位置。终于，他找到了这个位置，想到了在痛苦和拧巴中与这世界相处的方式。

戏中人

演员段奕宏迎来了生命中开花结果的时节。2017年11月3日，凭借新片《暴雪将至》中的出色表演，段奕宏夺得东京国际电影节影帝桂冠。这一次，不似两年前《烈日灼心》时的"三黄蛋"，段奕宏终于举起了一座结结实实属于自己的奖杯。

颁奖典礼结束后，电影节评委之一赵薇透露，段奕宏获得了评委会的一致认可，其他奖项评委们吵翻了天，激烈到一位法国评委在现场喊："我还没有死呢，让我说话。"唯独最佳男演员这个奖，大家全票通过。

站在舞台中央，段奕宏说他想起了自己在《暴雪将至》中扮演的角色余国伟。电影中也有一个类似的镜头，余国伟戴一朵大红花站在舞台上，经历人生最风光的时刻。但现场突然出现事故，余国伟头顶纷纷扬扬落下道具用的雪花。余国伟正经八百说着获奖感言，台下却已笑作一团。从那之后，余国伟的人生一路向下，直至一切不可挽回。

段奕宏说："我不希望有雪降下来，我希望这是真实的。"

这当然都是真实的。出发去东京前，段奕宏接受了《人物》杂志的专访，说起即将到来的东京之旅，他说顺其自然，结果不是他的目的。

时间退回到一年多以前，周围很多人不明白，为什么段奕宏会选择一个此前并无经验的新导演合作。

段奕宏说，他看中的，是角色本身的挣扎感。《暴雪将至》开篇有一段台词，一个审问式的声音响起："姓名？"

"余国伟，多余的余，国家的国，伟大的伟。"镜头前的段奕宏低顺着眼睛，紧张，局促，似乎在躲闪什么，那声音又是极木然的。

这个20世纪90年代下岗潮中"多余的人"，在轰轰烈烈的大时代面前，努力过，挣扎过，最终还是被无情吞没了。

最后一场戏，天空飘下雪花。段奕宏上了一辆公交车，他头半仰着，抵着水气朦胧的车窗，就那么睁着空洞的眼睛，愣愣地望着大雪将至的天空。

拍这场戏的时候，监视器后面的导演董越，一边惊叹段奕宏的表演，一边想着终于杀青，大家能松一口气了。

董越看着段奕宏慢慢从公交车上下来，呆呆地没有目的地往前走。"我向他大叫了一声'杀青了'，然后给他一个大拥抱，他就特别迟钝地，跟我拥抱了一下，整个人面无表情。"

后来董越嘀咕，那时候段奕宏大概还沉浸在戏中，在他的肉身里，还盛放着余国伟被抛弃、被毁灭的灵魂。

扮演余国伟的时候，段奕宏常会想到年轻时的自己。那种因卑微而生的痛苦曾长久地折磨着他，想挣扎、想跟命运对抗，但他很早就意识到了个体的渺小，跟大环境对抗，受伤的只能是自己，命运是个庞然大物，"说把你抛弃就把你抛弃了"。

挣脱

对"被抛弃"的恐惧感由来已久,就像余国伟,那种迫切想进入编制内,想进入一个并不属于自己的世界的挣扎感,他特别理解。

扮演余国伟,段奕宏也常常会想到父辈们。段奕宏出生于新疆伊犁的一座小城,父母都是普通工人,记忆里的大人们都像拧紧的发条一般,为了5块钱、10块钱争分夺秒地涌进厂子,大家都被同一种恐惧支配着,没人敢想离开集体会怎么样。

段奕宏庆幸自己没有经历那样一种人生,也庆幸自己有机会去诠释一次父辈的人生。年过四十,他越发明白了自己在这个世界中的位置。本届东京电影节,《暴雪将至》作为唯一的华语片入围主竞赛单元,但开幕式当天,人们并没有在红毯上见到段奕宏。

那之前的某天半夜,段奕宏接到了家里的电话,他心里"咯噔"一下,"最怕的终究还是来了",父亲病危,家人通知他赶紧回去。

他赶最早一班飞机回去。到了医院,医生说没用了,人已经没了。段奕宏不信,他伏在父亲跟前,像往常一样跟父亲说话。真的跟电影一般,父亲眼角流下了最后一滴泪。

说这些的时候,段奕宏神色平静,甚至有着某种对上天的感恩,父亲感受到了他,父子之间,这一世没有遗憾了。他坚持守完父亲的头七才赶往日本,谁劝都不行。

这是44岁的段奕宏如今拥有的智慧,他不再愤怒,对于人生中的失去,也懂得如何安放自己的悲伤。但是这些,十几岁时他都不懂。高二那年,因为自创的小品意外得到鼓励,段奕宏动了学表演的心思。

在那之前，他只是西北边陲一个贪玩的、不知命运为何物的普通少年，那时候父亲已经退休，找了个看大门的工作。一生勤勉的父亲当时并不知道，自己不懂事的小儿子，已经被命运的神秘之手拴起了心性。

段奕宏从来不是那种让人省心的孩子，上课不听话，父亲一次次到学校给老师赔不是。他甚至还逃课，有一次父亲忍无可忍，抄起藤条抽了他一顿。所以少年段奕宏说出想学表演的梦想，父亲的第一反应是，你也就能当个伐木工。

从男孩到男人的蜕变，段奕宏的第一课是挣脱。今天的段奕宏说起家乡，语气里尽是温柔。他如今深知，自己一生的柔软安宁，皆在那座西北小城。但少年时代，那座小城是束缚，是捆绑，是梦想的绊脚石，是他急急想要甩在身后的命运——落后、麻木、自生自灭。

逃离

家里没一个艺术从业者，家人都不同意段奕宏报考中央戏剧学院。段奕宏是家里最小的孩子，家人习惯为他安置好一切，但对当时的段奕宏来说，爱最是束缚。

"你们要不让我去，我就恨你们一辈子。"段奕宏冲着父母喊出这句话后，揣着一张去乌鲁木齐的班车票就出了门。

汽车坐了两天，火车四天三夜，从地图上看，他从中国版图那只公鸡的尾巴尖尖，一路到了鸡脖子。

当时的段奕宏空有梦想，却不知道路在哪里。第一次去中戏考试，只20分不到，他自己在天安门坐了一整夜。第二次进了三试，但最终还是被刷了下来。

后来为增加考取的成功率，段奕宏上了一个表演培训班，学费4000块。他家里并不宽裕，父母能给的已是所有，段奕宏就去工厂里洗苹果，早8点、晚5点，每天只吃一顿饭，干了一个月，挣了40块钱。

第三次的时候，他干脆破釜沉舟，连高考都没参加，终于如愿以偿。这一次再到北京，他发现北京的小青年开始喝可乐，北京人都喜欢吃煎饼果子。走在大街上，段奕宏一手举着可乐，一手拿着煎饼果子——他太想跟北京人一样了。

段奕宏说，他从来不怕"冷"，不怕别人冷冷地对他，因为当他一腔热情地扑向未知世界的最初，世界摆出的，就是一副冷冷的样子，他习惯了。

如今段奕宏说起往事，平静远大于感慨。问他有没有做过假设，假如最终没考上中戏，会经历怎样的人生。他身体稍稍前倾，想了片刻答道："我已经出来看过外面的世界了，假设其实都不是很客观的。我对自己的了解就是，我考了3年中央戏剧学院，我相信我不会留在那儿（家乡），我不会留在那儿。"

隔膜

拿到新世界的入场券,并不意味着世界接纳了你。终于得偿所愿考入中央戏剧学院,摆在段奕宏面前的是一条再不能回头的路。

中央戏剧学院94级同班同学、演员小陶虹记得第一次见段奕宏的样子,那时候他还叫"段龙"。报到的时候,班里两个同学来得晚,一个段龙,一个高虎,当时同学们就琢磨,一定是两个威猛大汉,"结果高虎瘦得像麻秆儿,段龙矮矮的,也不强壮,他又比较害羞,动不动就脸红"。

很快,小陶虹就发现了这条龙的拧巴。先是口音,运动员出身的小陶虹不管起得多早,段奕宏肯定已经在操场练起了晨功。"一(yá)道黑。两(liá)道黑",全是羊肉串儿味儿的普通话,小陶虹跑一圈他这么念,又跑一圈他还是那么念,于是就跟着在后面故意学,气得段奕宏干瞪眼。

得偿所愿进入中戏之后,段奕宏常被一种摆脱不掉的卑怯感笼罩,周围的人都比他优秀、比他高、比他帅、比他有钱。那时候,他听北京孩子说话都觉得耳朵被扎得生疼。

日日被沉重的自卑感压着,挣脱不掉,段奕宏初次品尝了人生的绝望。

没有钱,大学4年他没回过一次家。大二那年,小陶虹硬拽着他到自己家里吃了顿年夜饭。 吃完饭,段奕宏半是命令、半是哀求地对她说:"大年初四你一定要来学校。"到了初四,小陶虹去了,原来是段奕宏觉得去她家吃了饭就必须还礼,在宿舍里硬是拿电炉子给她做了一顿手抓饭。

时隔 20 年，段奕宏敏感的自尊心仍让小陶虹记忆犹新，"那时候的段奕宏就像一根绷紧的绳子，好像随时都会断掉"。

另一位同班同学翟小兴形容当时的段奕宏，大学 4 年，从没听他大声笑过，"笑的时候也有，但你总感觉他的笑里边带着一点儿压抑，没有开怀大笑过"。

哭更不可能了。有一回在宿舍楼和剧场间的小过道里，翟小兴偶然看到段奕宏眼睛直勾勾地盯着前方掉眼泪，发现了翟小兴，段奕宏就迅速藏起眼泪。

段奕宏不让你去关心他，"感觉他永远就是打伞都要打最大的那种，把自己罩在里头"。他永远跟大家保持着一段距离，你知道他的不容易，特别心疼他，想靠近他、帮助他，但根本找不到方法。

"很多时候有意识地回避，再说白了是一种逃避，就是生怕亏欠别人。你可以冷冷地对待我，但我最受不了你暖暖地对我。怎么说呢，那样我会很容易被化了。已经适应了冷空气，适应了冷天，哪怕是无情的刀剑，我很适应这种。所以也养成了孤独和孤寂的习惯。"

打捞

"那种痛苦没人知道，我曾想过轻生，特别强烈。"段奕宏说自己一度想到死，"一睁眼就觉得毫无希望，不如离开这个让我特别困扰的地方。"那时候，段奕宏的书桌上经常出现一些饭票，

"同学们来救济我,但物质并不是我的痛苦。真正的痛苦,他们都不知道。"

最终从痛苦的泥潭里把段奕宏打捞起来的,是恐惧。中央戏剧学院表演系有一年的甄别期,如果有两门挂科,就要被退学,费尽周折才抓住命运的尾巴尖儿,真要被甩下去,太可怕了。

因为怕被甩出去,段奕宏能做的,就是拼命学,高帅富三样都比不了别人,但是成绩可以。他看清了摆在面前唯一的那条路——好好学,做成绩最拔尖的那个。

在中央戏剧学院念书的那4年,段奕宏每年都会把成绩单寄回家,想象着父母看到成绩单后的喜悦,是他当时特别大的支撑。

大学期间,跟段奕宏搭档最多的是小陶虹。她说,有一次跟段奕宏到道具组借衣服,"'老师,你把那件拿给我,老师,我再试试这件。'后面的人说,'哎哟,段龙,差不多完了啊,你交一作业至于吗'?他就至于,特别至于"。

表演中的争执就更别提了,小陶虹也是暴脾气,于是两个人就吵,最后吵出来的作品往往效果特别好。在那之前,表演系没有人拿到过满分,段奕宏和小陶虹组合,在中央戏剧学院拿到过罕有的100分。

所以1998年毕业得知自己没拿到留京名额时,段奕宏骑上自行车直奔文化部要说法。他拿着成绩单给人家看,"这样的成绩,为什么不能留在北京?"

小陶虹和翟小兴都是几年后才知道这件事,但都觉得,这事儿太像他了,只有他能干得出来。

这股子执拗劲最终让他争取到了留京的机会，但与此同时，表演上的较真儿也融进了他的血液。任何时候，段奕宏都呈现出一种高度紧张，满脑门都写着"我一定要演好"。

有一次跟小陶虹做练习，"他紧张到什么程度——捏着我的手，已经转了360度，还这么捏着"。段奕宏把小陶虹的胳膊拧成了麻花，自己还完全不知道。

小陶虹看了段奕宏所有的戏，看《士兵突击》里的袁朗，那个表演还是紧巴巴的，松不下来。她给段奕宏打电话说："你看那个张国强，你看那个邢佳栋，你还是要松一点儿。"

甚至段奕宏结婚时，身为班长的小陶虹带着同学们坐在台下，听段奕宏在那儿宣读誓词，一帮人在下面起哄，故意拉长语调、放慢语速喊："哎，段龙，哎，放松一点儿，哎，注意台词，哎，吐字清晰。"

小陶虹不是觉得段奕宏演得不好，是觉得绷太紧妨碍了他演得更好。但这是个漫长的过程，别人怎么减压也没用。直到看到《白鹿原》，段奕宏扮演的黑娃蹲在地上嘟囔着陕西话，鼓着腮帮子大口吃面，小陶虹特惊喜，"他终于跳出来了"。

对自己的战争

自己表演上的问题，段奕宏一直明白。但是人绷紧绷久了，松下来并不容易。

"我深知优秀和能力让我找到一个安放之处,焦躁的心的安放之处,或者说是踏实感的时候,我就死死抓住,去证明这种能力,自然而然就显现出这种紧绷感。我太想好了,太想证实我的优秀了。一个作品问世,大家异口同声说好的时候、当这种声音被我听到之后,我发现,哦,能力会赢得这种东西。于是我变本加厉地开始证明自己,这就造成我的紧绷感、危机感、紧迫感,并不能放松下来。"

小陶虹的观察是准确的,真的给了段奕宏那么一下子的,正是扮演黑娃的经历。他去学麦客割麦子,为了把捆麦秸的动作做得扎实地道,段奕宏一遍遍地将断口锋利的麦秸子,弄得满手是血,"无所谓,一定要练好"。但有那么一次,血从手掌呼啦一下出来的瞬间,段奕宏突然醒过味儿来,"血都嗞出来了,你还掩饰它,还继续拍,这不是在作假吗?你完全就没有融入到生活当中啊,你没有把自己真正当成黑娃啊。我觉得我好傻呀,太傻了,真的是,看你在那儿割麦割得挺起劲、挺像的,真的有突发事件的时候,你就暴露无遗了"。

段奕宏反复问自己,黑娃割麦子就没有被刮破吗?被刮破是什么样的?那是剧本里没有的,"这种时候,就看你怎么去应用和对付。那段经历给我上了生动一课:老段,你还得进步啊,你还得进步"。

沉迷在戏中忘我的投入是种能力,抽离出来重新审视自己也是种能力,段奕宏好像到了某一临界点之后,突然就开窍了。

到了《烈日灼心》,段奕宏包场请班里的同学看,小陶虹看得特别激动,回到家她特地给段奕宏发了个信息:"我别的不想说,老段成功了,你终于成功了。"

翟小兴特别理解小陶虹这"老母亲般的欣慰","他经历的那些,受的那些苦,我们都看在眼里,他今天的一切都是应得的"。

在伊谷春的角色里，翟小兴看到的不光是松弛。有一场戏，段奕宏倚着门口，在那里抽烟，没有别的修饰。"那场戏舒服极了，"翟小兴在伊谷春身上看到了段奕宏，"那个动作让你觉得，看透了，什么都看透了。就拿得起、放得下了。龙龙长大了"。

偏执

有了更成熟的心性，身处光怪陆离的演艺圈，如今段奕宏也能看淡很多事情。这两年，越来越多的人为他着急。拿不到奖，大家替他不值；不能当绝对男一号，大家也替他不值。有人说，如今的段奕宏演技已经炉火纯青，就差一部属于他的《霸王别姬》了。

段奕宏并不认同这种说法，他不喜欢这种世俗的功利心。谈及这个问题时，他流露出急于阐明内心的焦急："即使是绝对的主演，也不能代表我的价值。那是一种很小的格局。如果我在乎，我就不可能选择伊谷春，我也不会觉得伊谷春是我的《霸王别姬》了，我所克服的，我所把握的和我所收获的，一定是超出所有人想象的。"

段奕宏想要的是能留得住的作品，他偏执地认为这是一个演员的根本，即便如今这种根本早就成了一种奢求。

"我想让事情是它本来该有的那个样子。"段奕宏喃喃地总结道。这个句子，是电视剧《我的团长我的团》，他所扮演的炮灰团团长龙文章的一句台词。

别人怎么想，段奕宏知道自己改变不了。他能把握的，只有自己。

大部分时候,段奕宏都保持着习惯的谦卑,但说到《我的团长我的团》中的一段戏,他明显是得意的。那是一场审判戏,面对审判,段奕宏念出了一段400多字的台词。

> 我去过那些地方,我们没了的地方。北平的爆肚涮肉皇城根,南京的干丝烧麦,还有销金的秦淮风月,上海看得我目瞪口呆的花花世界,卖天津麻花狗不理,广州艇仔粥和肠粉,旅顺口的咸鱼饼子和炮台,东北地三鲜狗肉汤酸菜白肉炖粉条,苦哈哈找活路的老林子,火宫殿的鸭血汤,还有臭豆腐和已经打成粉的长沙城。都没了……

> 我没涵养。没涵养不用亲眼看到半个中国都没了,才开始心痛和发急;没涵养,不用等到中国人死光了才发急心痛……家国沦丧,我们倒已苟活了六七年,我想让事情是它本来该有的样子。

段奕宏神经质般地念出来,语速极快,语气里充溢着对家国沦丧的沉痛的悲哀。

当时周围人都听傻了,这段戏拍完,同剧组的王大治和张国强带头"哗哗哗"地鼓掌。导演康洪雷在监视器后面看得兴奋,不仅仅是词儿,字字句句里全是感情。后来康洪雷招呼大家喝酒,反复感慨:"这才是真正的演员。"

说起这段的时候,段奕宏脸上带着真挚的喜悦。这是他快乐的点。《我的团长我的团》的拍摄过程中,出现了两次严重的拍摄事故,发生了人员伤亡。之后整部戏的命运也很坎坷,是共同经历过这部剧的人绕不开的心结。

如果按照世俗标准衡量,太不值了,但如今回忆起来,段奕宏觉得那172天在自己人生中极其珍贵。后来很多次"士兵帮"的聚会,康洪雷追着段奕宏让他念那段长长的台词,他总是羞涩地说:"我背不出来了。"

"但是其实,"面对《人物》记者,段奕宏一脸笃定地说,"是因为我很看重,我不想时常把它拿出来,它就在那儿了,我不太愿意去消磨它。它已经在我的身体里,我不想把它当成一个调侃。"

《我的团长我的团》这部剧,收视远不及《士兵突击》,也没有带给段奕宏什么特别的荣誉,但细心的粉丝会发现,在段奕宏的微博里,除去配合宣传的部分,过往作品提及最多的,正是《我的团长我的团》。

段奕宏内心有自己珍视的东西,容不得商量。他有他的偏执。过去如此,现在也是如此。

不安

段奕宏说,有时候他特别羡慕王大治和张国强身上那种随时随地没来由的快乐,拍摄现场有一大缸,口子特小,肚子特大,王大治朝里放个屁说:"国强你来看啊,新抓的小动物。"张国强一下趴过来,然后大家笑得,一乐好几天。

但段奕宏自己不是那种制造快乐的人,王大治说,他往往是让大家伙安静下来的那个人。"士兵帮"都好酒,但是认识这么多年,在王大治的记忆里,段奕宏从来没有喝多过,他的身上一直伴随着一股强大的自制力,有不开心他也不会表露,都自己消化了。

即使到了今天，作为公认的实力派演员，被信任，被拥戴，段奕宏还是经常流露出不安的情绪。

《人物》记者对段奕宏的采访是在一个茶室进行的，隐蔽而安静。段奕宏的敏感在于，茶艺师在一旁沏茶，水流的声响极细微，但每当这个声音响起，他的头都会不自觉地偏向那一方，像一只时刻机警不安的猫。

工作的时候更加明显，段奕宏说自己至今接剧本的第一反应都是恐惧，自我怀疑，自我批判，反复提醒自己不要拿过去的经验去套一个新角色。

这常常让段奕宏陷入自我折磨，不过他倒是想得开，"这个过程是非常痛苦的，但是我享受这种痛苦，对我来说它是正常的，如果不痛苦，它就不正常了"。

一直到现在，不管接到什么角色，段奕宏都要雷打不动地去体验生活。演《烈日灼心》的时候，他去厦门一个派出所体验生活，警察见到演员来了都挺兴奋，只有一个对他爱答不理的，他就追在人家后面，理由是这个人身上有他想要的那股劲儿。

另一部影片《引爆者》中，段奕宏饰演一名矿山炮工，开拍前他又跑到矿井下面体验生活。下井需要先坐电梯，然后沿着搭在斜面上的猴梯，手脚并用地爬一两千米，到了井下还得走上几公里。导演常征并没有要求段奕宏那么做，入行多年，什么过分的演员都见过，突然遇到一个段奕宏，让他特别知足。

后来常征明白了，保持痛感是段奕宏的创作方式，他一直要求自己去感知角色的痛苦，保持对疼痛的敏锐，要不他不安生。

常征对段奕宏最早的印象来自话剧《恋爱的犀牛》，段奕宏和郝蕾联袂奉献了一代文艺青年的圣经，两人的表演让常征有了不疯魔不成活的感觉，但也有区别。郝蕾是外放的、炽烈的，但段奕宏有收着的一面。郝蕾会说出"要成为教科书上的表演艺术家"那样的话，"老段不会，他习惯了把自己放在一个很低的位置，这点他不如人家郝蕾可爱，"常征笑着说，"但是老段会照着这个路子去做，悄悄地，自己去折磨自己"。

常征说起片场的段奕宏："他有一个习惯，每演一遍都会自己看回放，他看到他自己不满意的，就要再来一遍。"

常征将这个习惯归结于段奕宏内心深处的不安全感，他已经够好，但他身上的不安全感极其浓烈，对自己不信任。

鲁豫采访段奕宏，泪点很高的鲁豫还是被段奕宏惹哭了，一次是因为表演，一次是谈到家人，后来鲁豫说，段奕宏身上最可贵的是"不知道自己的好"。

自行其是

这份不自知给了段奕宏一份独有的坚定，电影圈里关于他"难搞"的传闻比比皆是，但他不在乎。

《记忆大师》里段奕宏跟黄渤合作，服务型人格的黄渤觉得段奕宏直愣得可爱。段奕宏不是一个会绕弯的人，在片场常常陷入执拗，折磨自己也折磨别人，但这种执拗让黄渤觉得特别珍贵。"我们这个时代的电影市场已经整个沸腾成这样了，这没关系，但还得有真材实料的千年老人参沉在底下。"

《让子弹飞》《十月围城》等影片的编剧、段奕宏的好友郭俊立去年也当起了导演，郭俊立觉得段奕宏身上最宝贵的一点是懂得取舍。"这个行业就是个名利场，说不好听的，你拍一个挣钱的戏跟拍一个不挣钱的戏，人家投资方各种人对你完全不一样。"

但段奕宏真的守得住，郭俊立要拍一个中年危机的电影，表现40岁男人的挣扎，郭俊立知道挣不到什么钱，但跟段奕宏一说，他就接了。

四十而不惑。如今的段奕宏更多地把拧巴留在表演里，他知道自己要的是什么。三部新戏在外人看来没一部不冒险，但在大多数人关心段位、阵容、商业利益的时候，他迷恋的是故事本身的挣扎感。

在圈子里待久了，郭俊立看着好多人起起伏伏，大部分人都会选择随波逐流，哪里钱多、曝光多，就奔哪里去，奔着奔着就没影儿了。

郭俊立觉得段奕宏身上宝贵的是，身边一波一波的人都随波逐流了，他就呆呆地站在水里，站在水中央，等绝大多数人都顺着水流漂走的时候，他的价值也就显现出来了。

段奕宏一直不太懂得名利圈的生存规则，许多人要持续站到舞台中央的聚光灯下，才觉得有安全感。段奕宏倒是感激中戏几年的痛苦，他对于自己的困惑，在那几年都梳理好了，他习惯了边缘，躲在一边默默向上游挺好的。

"我自身可能下意识地或是有意识地，把自己放在一个角落里，这个角落挺好，我不太愿意站在中间。"

《爱有来生》的合作结束后，俞飞鸿和段奕宏并没有多少联系，前两年在一次合作中遇到，让俞飞鸿感动的是，10年过去了，他仍然是那个段奕宏，"仍然是很谦卑、很低调、很认真演戏的一个演员"。俞飞鸿鲜少在媒体上露面，但听说是段奕宏的采访，很痛快就答应了，她说："我觉得在这个时代能保持初心不变，能坚持不变的人都挺伟大。"

段奕宏有首一直很喜欢的诗，英国诗人雪莱所著的《孤独者》，其中有这样一段：

你是否敢在形形色色的人群中，
自行其是／成为一个绝缘物？
眼看着别人在身边忙忙碌碌，
不管不顾，
守着你宁静的幽居，
像荒凉沙漠里的一朵花。
不屑于，
向那过路的风，
吐露气息。

柔软

从 19 岁到 44 岁，穿越过形形色色的人群，段奕宏曾迫切地想成为他们，因为这迫切，他挣脱，他逃离，他穷尽所有去寻觅一个在这世上的位置。

终于，他找到了这个位置，想到了在痛苦和拧巴中与这个世界相处的方式。早几年拍戏，他沉迷于融入，现在，他越来越多地强调抽离——他有家人，有很多爱，除了演员的身份，他也是普通人。

如今，除了表演中的必需，段奕宏尽量让自己在生活中松弛一点，他不再那么悲观地看待世界。

即便父亲的离去让他整夜整夜地睡不着觉，但他内心还是感恩的，"跳完广场舞，买个香蕉，吃完饭，唱着歌，然后走了，特别像他"。

这之前，段奕宏坚持每年接父母来家里住一段，陪他们遛遛弯散散步逛逛市场，他都觉得特别知足。他也有过对时间的恐惧感，有两年看着父母一点点老下去，他特别恐慌，在鲁豫的节目中，段奕宏说起有一次陪父母在楼下遛弯，就他回家换鞋的工夫，老两口不见了，他一下子傻了。开始的时候段奕宏还压低声音喊："爸？妈？"渐渐地他的声音越来越大，最后整个人都崩溃了。

其实，老两口只是走错了楼。那一次之后，段奕宏更加明白，少年时极力想摆脱的，到了中年，成了他人生中最珍视的所在。

从那时候起，段奕宏开始被另一种恐惧支配：时间不多了，我不能留下遗憾。他更彻底地去拥抱自己的生活，让自己有更多的时间陪陪家人。

2017年9月，他还带家人在云南待了15天。那时候爸爸还在，老爷子玩得很开心，如今想起来觉得庆幸。

父亲的后事是按照段奕宏的想法操持的，这次回家，他发现这个西北普通的大家庭里，自己那么地被需要——这个大家庭里那个不懂事的小儿子，如今成了需要做决定的那个。

成长的命题从未真的结束，那个结果到来的时候，真的送走父亲的时候，他突然不怕了，他不再惧怕时间，生离和死别——那都是自然而然的过程。

很奇妙地，段奕宏甚至在失去的痛楚中品味到某种喜悦，那种经过生命疼痛之后，伴生出的喜悦。

父亲走后，有一天家里客厅的灯坏了，花瓣形的吊灯，有一瓣儿暗了下去，段奕宏觉得，父亲走了，这可能是冥冥中的某种暗示。接下来一家人都行动起来，那个场景让段奕宏特别动容："我姐夫出去买灯泡，我们几个兄弟姐妹、我爱人，我们就开始卸灯泡。我突然被那个场景给感动了，我好喜悦啊，一家人在做一件事情，井然有序的。有人踩在凳子上卸螺丝，我在底下接着，然后送到卫生间。我姐接过去洗，我哥在那儿擦，然后再送回来。我顿时就有那种一家人在一起做一件事，那种当下的专注生发出的一种喜悦。好喜悦、好开心，好温暖。那一刻，我觉得我是离不开这种感觉的，我知道我想要的是什么。"

寡人周星驰

○
○
○

文 | 张伟 王凌

为什么坚持，想一想当初。

眼前的周星驰突然黯然神伤——起码表情上看来如此。话题是他头上的白发，记者原本只是想谈论一个男人必然经历的衰老过程，他却慢吞吞、突如其来地把话题转回童年，说起读小学时，发现自己早生华发并感到困惑不安时的每个细节，回忆起这些相隔40多年的往事，他甚至不需要特意思索。

某种意义上，这个51岁的男人是由往事堆积而成的。他每次去卡拉OK都会点唱《小李飞刀》《陆小凤》这类老歌，他的中学同学李健仁（更知名的身份是"如花"）解释说，这是由于两人毕业后曾一起到钢琴酒吧打工，这些歌"每晚都要听好几遍"。

即使是在一次短促的、原定只谈论电影的采访里，过往也总是从无法预料的角落钻出，内容涵盖了周星驰和父亲的交往、他幼年生活的社区，以及他30年前听过的歌曲。令人惊讶的是，他原本应该是一个沉默寡言、防备心重、紧张而容易害羞的人，但整个采访过程中，周星驰极为配合，还表现出了一次主动姿态——邀请记者一起品尝助理端上来的剥光了皮的板栗。然而了解他的人都知道，吃东西不过是他消除紧张的一种方式。

描绘一个明确无误的周星驰极为困难。他同时被人视为天才、偶像、暴君和孤僻者，他做过演员、导演、房地产商，近来甚至成为广东省政协委员。

周星驰通过喜剧表演塑造一个时代的潮流，但他本人却在电视镜头前手足无措。他被哈佛大学教授的学术论文反复剖析，本人却没有读过大学,坐在教授群中几乎一言不发,不知道怎样接话。他捧红了大量电影演员,得到的尊称从"星仔"到"星哥"直到最后变成"星爷",到后来,这些受惠者却一个个与他交恶,甚至公开借助媒体抨击他。

周星驰的成功和他拥有的权力,与他表现出的孤独感同样让人印象深刻。他的朋友和搭档田启文说:"周星驰像武侠小说里的孤独江湖客,让别人无法靠近。"田启文所举的一个旨在表现周星驰与人疏离的事例是:"星辉公司曾有位工作五六年的会计,但周星驰居然连对方的名字都叫不出来,他经常想太多别的事,而忽略了身边的人。"另一个朋友宋子文说:"他心里有壁垒保护自己,他没有派系,没有拢着一帮兄弟当大哥。他一直是孤家寡人,单打独斗,一直很封闭。"

人们难免好奇这个喜剧演员如何成长为一个孤独的巨人,如何用一颗心抵挡所有的心。

他的秘密藏在往事里。

与那类看重"座上客常满,樽中酒不空"的成功者不同,周星驰并不是一个愿意呼朋引伴的人。最极端的例证也许是他在 2004 年的生日,据媒体报道说,没有一个人为他捧场道贺,他自己喝酒,直到酩酊大醉。

事实上,他关于朋友的定义足以让大多数人望而却步。"知心朋友不用多,也不需要多。做知心朋友需要时间,要有考验才可以。"他在 1992 年说:"我几个聊得来的朋友,起码都认识了 10 年或以上时间。"两年后,这个正当红的演员又这样剖析自我:"我相信没有太多人会喜欢我的为人。"将近 20 年后回看,这句话有种一语成谶的宿命感，时间已经它的准确。

曾经的女朋友朱茵在分手后感慨她比周星驰幸福。"因为我有不少朋友，有心事还可以向人倾诉，"朱茵说，"他的交心朋友不及我多，朋友也少，他会比我惨。"

他不擅长交往，可以说是畏惧交往。宋子文眼里的周星驰，无论跟多熟的人开玩笑，会很紧张地先盯着对方的眼睛看他的反应，"他把自己想得卑微"。

"他过分讲原则，私下里要跟他讲人情，他无法接受。他从来不参加活动。能把自己关起来个把月，哪怕只叫外卖也没关系，"宋子文说，"所以他绝对没有朋友。"

《大话西游》的导演刘镇伟曾经力图分清周星驰身上"古板"和"害羞"的界限。"他不敢笑出来，其实他很想搞笑。"刘镇伟说，周星驰起初到刘镇伟在香港住的酒店找他，不好意思敲门，从门缝中塞进来一个纸条表达想法。

当这种害羞达到极致，周星驰就会尝试逃离人群。2001年，周星驰到北京大学与学生交流并发表演讲，上千人早早地在广场上等候他，但他却躲进了一所校内食堂的厨房里。

周星驰面对电视采访有一种难以解释的紧张感。一次拍摄现场，当摄影机打开，导演请大家准备时，周星驰原本自然的表情突然变得僵直，两只手轮番在一只纸杯子上倒换着，桌子下的双腿不停地变换着方式交叠，最后就差在一边上下抖个不停。

"他在人情上输了"。这是邀请周星驰参加节目的宋子文的解释。宋子文说，周星驰的幽默感只有在跟一个人混熟了后才可能发挥。

宋子文自称了解周星驰。这两个失眠的人曾交流过如何度过长夜。外人不知道周星驰在深夜会想些什么。医生诊断他有抑郁症倾向，常年失眠影响了情绪与工作。有时候，周星驰会在迷迷糊糊之中听到有人催促自己起来开工。

在电话里，周星驰将自己的方法告诉宋子文，不要依赖药物，可以少喝一点酒。他推荐的是"Dry Martini"，这是一种产于葡萄牙的著名鸡尾酒，他在《国产凌凌漆》里的演出让这种酒成为一种经典意象。

宋子文相信，即便是试图传递幽默感的时候，周星驰也非常谨慎。"他会试探，因为他骨子里没有安全感，他平时做事也非常谨慎，他的羞涩是在掩盖自己的紧张，"宋子文说，"这是很多年来一种心理阴影的折射。"

如果这个判断成立，那么这种心理阴影应该来自周星驰那些人们都知道的过往，在他七岁时父母离异（周星驰曾用他电影里角色的一贯口吻说：他们一举一动都有娱乐性，打架都很有看头）、艰辛的生活、个子矮小的差生受尽欺负的学校时光。

周星驰从小到大都很安静，他的妈妈凌宝儿对此印象深刻。他总是情愿站在窗旁看两小时街景，盯着来来去去的人观察，猜测他们的职业，但"十问九不应"，以至于最亲近的人也无法了解他的内心世界。

"我不愿意说，只愿意做，因为别人不会听你说什么，而会看你做什么。"周星驰这样解释，"同样，我也是通过别人做什么来判断，而不太听他说什么。"

"从小他已经习惯什么都放在心里，只看、只听、不说。"凌宝儿说。这些会带来长达几十年的隐秘伤痛。周星驰有两个姐姐，每次在那间拥挤的木板房里吃饭时，凌宝儿都会把为数不多的肉夹给周星驰，她发现并不是很能吃肉的周星驰每次会把剩下的肉放在嘴里咬一下，还有一次周星驰将整块鸡腿扔到地上，失望的母亲打了她眼中自私的儿子。2001年，在凤凰卫视的一个节目里，母亲提到这件事，周星驰解释说，因为母亲很少吃肉，只会偷偷吃掉他们剩下的，他才故意把肉弄脏。在节目里，两人抱头痛哭。

孤独感自始至终没有离开周星驰。当年，他几乎从不与人争吵，最多只会一声不吭地走进房间。周星驰入行后不久，凌宝儿接到一个圈内有势力的人打来电话，"那个人打来电话大爆粗口，问我是怎么教儿子的，他说想跟周星驰吃顿饭怎么这么难，怎么这么不给面子"。

时至今日，周星驰仍然无法在公共场合表现得自如。他清醒地看待自己受到的欢呼，"每个明星都是那样，我没有什么特别的"。他参加媒体和大学的论坛，非常紧张，不知道该说什么才好。他怕自己说错话，主动示弱。"他很怕受伤害，一点点小伤害都接受不了。"宋子文想起这些情形时说，"他不是自大也不是完美主义者，只是把自己表现得特脆弱。"

时光如果倒回多年以前，周星驰会这样形容自己的内心世界：掰着手指头算计着自己什么时候才算长大，最好长得高大健壮一点，不被其他小孩子欺负，有点力气也好到社会上做事赚钱养家。如今的周星驰就像电影《食神》里的史蒂芬·周，"他低调，但是受万人敬仰"，可以掷下上亿元购入豪宅，但并没有成为人们心目中那个掌控一切的人。周星驰甚至不愿意去看自己拍的电影，因为"他很怕看到别人的反应"。

尽管如此，周星驰仍然是一个无法忽视的存在。2007年，美国《时代周刊》将他评为唯一一个"亚洲英雄"时写道："如果说香港有查理·卓别林的话，那就是周星驰。"对于周星驰的拥趸来说，这显然过于保守了，他们更乐意将这个称号的适用半径扩大到整个中国。

周星驰是潮流塑造者，是那些正步入中年的中国人无法绕开的人物，电影《大话西游》的话题被讨论得过于热烈，以至于关于电影的书也成为一个文化现象。他拍摄电影，投资房产，甚至步入政坛。

如果考虑到周星驰今日的高度是一个从社会底层起步的人所达到的，那么发出怎样夸张的惊叹也不能算作失态。毕竟，如今拥有强大票房号召力的"中国卓别林"是睡在上下铺的架子床上开始自己的梦想的。他的童年记忆包括帮外婆摆地摊卖指甲钳、去酒楼推着小车卖虾饺、到五金厂打工以及在尖沙咀骑着自行车兜售报纸。他曾经在上映《埃及艳后》的电影院里发现爸爸拖着另一个女人，也曾因为偷50块钱买玩具害得妈妈反复自责而无比难过。

功成名就后的周星驰曾想象过人生的另一种可能性，做个平庸无奇之辈，无非是"跟其他人都一样，找工作，有很多烦恼的事情"，想着前途怎么样。不过，他依靠自己的聪明、勤奋以及出人头地的强大企图心扭转了命运轨迹。

在大多数时候，周星驰都满怀信心，或者说，用光明前景反复说服自己，好友梁朝伟回忆说："周星驰整天发白日梦，幻想成为大明星。"

他和梁朝伟一起在香港艺人训练班学习之前，两人已经一起拍过一个 8 分钟的短片。"那都是周星驰的主意,当时我对演戏不开窍,那个短片他既当导演又当演员,我只是演员。故事主要讲好人与坏人在山上打架,最后好人获胜,他安排我演坏蛋,最后我演的角色被他无情地打死。"梁朝伟说,那时候自己只是周星驰的伴角儿。有点讽刺的是,"伴角儿"很快功成名就,在"主角"还跑龙套混盒饭的时候就开上了豪车。

即使是在混日子、跑龙套、毫无前景的时候,他也要用庞大的理想激励自己。那时候,他每天很早起床,洗脸刷牙时会对着镜子喊"加油",幻想着有一天自己成为主角,"让所有人都见识到自己很跩的样子,在某天拿个什么奖,好让所有人都为自己叫个好"。

但与此同时,他的自尊不得不反复接受践踏。多年后,周星驰把自己在刚入行时的遭遇拍成了电影《喜剧之王》。这部电影的票房是失败的,但也打动了无数喜欢周星驰的观众。片中男主角尹天仇对女主角柳飘飘说道:"小姐,如果你非要叫我跑龙套的,可不可以不要加一个'死'字在前面?"这一幕让银幕前的人们放声大笑,但对周星驰来说却是苦涩的回忆。他曾对宋子文描述那段经历——混得很差劲,不得不为了多赚几十块钱而四处等候差遣,为了生计着想,"学着很油条的样子,跟人家插科打诨磨嘴皮",为了一个死尸角色"浪费一升口水争取"。

失意的经历不止于此。有一段时间,周星驰主持一档少儿节目,有报纸刊文讲他只适合主持儿童节目,不适合在娱乐圈发展。周星驰就把报道剪下来贴在床头上,以此勉励自己。

多年以后,周星驰成为主角,成为导演,他喜欢将自己描述为一个"跑腿的",一个善于听从别人创意的人,"他们不说,我作为导演就完了"。但与周星驰合作过的人对此并不认同。旧日伙伴批评他"不好相处"的声音反复出现，而其中提到最多的，就是他脾气火暴，经常在片场骂人。即便是周星驰昔日朋友田启文在为他辩护时，也不得不承认他会对熟人发脾气。按照香港某娱乐周刊的说法，这位绰号"田鸡"的演员"十多年来一直是周星驰左右手"。

"如果他不关心你、不疼你，干吗要这样？明白的人要清楚为什么，要看是什么情况、什么环境、什么状态，他骂什么。"与周星驰疏远之后，田启文在一次接受采访时说。这样的情景，很容易让人回想起作为小人物的周星驰，为了一个龙套角色不得不跟在场务身后反复说着肉麻话的时代。骄傲沉默的周星驰以献殷勤、扮演乖巧来积攒机会，有时只是为了得到的角色有一两句对白，或者只有一点儿肢体动作。

周星驰不得不忍受在导演面前谈论演技时换来哄堂大笑的结局，不得不殷勤地对一位"大哥"讲话，甚至"不得已拍了几下马屁，说了许多他喜欢听的话来讨好他"，然后听到这位"大哥"跟身边的助理导演以及场务说"这个人怎么跟一条狗一样"，他回到家里偷偷流泪。

几乎在拍摄的所有电影里，周星驰永远选择站在"屌丝"一方。这让人们总是能轻易从周星驰身上看到很多过往生活的痕迹。最明显之处在于，他乐此不疲地将自己的人生经历糅进电影里，不管是少年时代邻居里深藏不露的武林高手、繁华酒楼里谄媚的店小二，还是那些面对挫折坚强不屈的英雄人物。他说，这都是自己的经历。

但人们却很难知道，他在电影行业的最初遭遇怎样影响了他现在对待别人的态度，是使他对待别人的态度是更好还是同样差。

《人物》记者问他这个问题，他笑了笑，没有回答。

这时候的周星驰坐在北京高档酒店的套房里，距离当年那个无名小卒已经很远。只有在很偶然的情况下，当他露出那种亲切的、略带着顽皮的笑容，这两个周星驰的形象才会交织在一起。

当时，听着大家调侃他对电影的理解时，他也只能装出不在意的样子，"厚着脸皮"跟随大家摆出同样一副笑容。

周星驰对自己的未来始终有着清醒而浓烈的意识，并时刻为抓住机会做充足的准备。中学毕业后，他没有继续读书，到一家船务公司做助理，那时候就"相信机会一定有光顾我的那一天，机会来的时候就一定要抓得住"。

从作为一个小角色的时候起，周星驰就天天对朋友谈论表演方法，谈论好莱坞男影星，捧读《演员的自我修养》。"准备好，机会一来，立即发力。"

他一直知道如何吸引别人注意。就连他小学四年级时的女同学阿珍也记得他"个子很小又爱引人注意"的样子。

得知香港艺人训练班开始招人后，周星驰为了防止自己的身高成为考试障碍，花钱买了一双价格不菲的高跟鞋。

不过，据说考官只看了他一眼，就决定让他回家了。但周星驰并没有停止尽力展示自己。在此后的演艺生涯里，他一次次像当年争取龙套角色那样去为自己争取可能性。

机会姗姗来迟，1988年，周星驰被选中做一部电影的主角。这时候，他已经花太多时间用来训练和等待，因此立即决定借此成名，于是他在电影中展示了夸张甚至放纵的搞笑风格，并从此一发而不可收。

周星驰后来回顾当时的心态,"就是发誓要出位"。这是一次带着冒险意味的搏击。"不成功便成仁,因为我等得太久了,如果一开始就给个主角让我演,我不会想得那么要紧,我不需要这样来搏,不用走这一着险招。"他说,"我那时什么都没有,要让人能认得我,我要引人注意,所以只能走险招,比较过火,但求博人一笑。险中求胜,我宁愿被人骂到遗臭万年,都不愿演完之后完全没反应。"

周星驰此后获得的成功可以说是从艰难和冒险中求来的,这份巨大的成功则让他得以用幽默的力量影响他周围的世界。

他的影响力传递到中国内地,获得另一种魅力。这种尝试最初是失败的——他的《唐伯虎点秋香》在上映时让内地观众目瞪口呆,大加批判。1994年与内地西安电影制片厂合拍的《大话西游》不但票房惨败,导致周星驰的彩星公司破产,还因为"低级"等原因招致非议,以至于很多年里,当时的西安电影制片厂领导层都不愿意对外谈论这次合作。

但几年后,这部电影重新在内地流行,甚至成为"圣经"一样的作品,其中无厘头的风格,也让很多精神苦闷的年轻人找到了对抗生活的武器。

周星驰是小人物的代言人,他走红的年代,香港尚未从一次经济萧条中恢复。《时代周刊》相信,"周星驰的喜剧影片似乎能够让人们暂时摆脱忧虑和痛苦"。他可以让香港一位销售果汁的商人感到振奋,也让更多承受了苦痛的人学着用微笑面对生活,就像影片中的周星驰一样。

周星驰的确展示了一个草根人物所能展示出的最好的精神状态,有时候是通过起落无定的剧情,有时候是通过滑稽的动作和让人边笑边流泪的台词。

但在周星驰自己看来，这只不过是往日生活的自然投射。"我总是演我熟悉的东西，"他说，"我本身就是草根阶级，我对平民生活感到亲切。"

有一段时间，人们几乎认为周星驰要背离这个套路，他成名之后，电影里一度开始出现那类一出场就地位不凡的主角（比如电影《食神》），但很快，他又回到了老路上。

周星驰始终不愿意承认自己是个怀旧的人，但他的言谈"出卖"了他，直到如今，往日生活也总是会不断在他心里闪回。路过一个地方，周星驰会突然想起某个时候自己曾经在这里居住过，并顺便回想起当时的生活。有时候，听到一首歌，他就会记起 30 年前听着那首歌的自己。

过去的生活塑造了周星驰，也牵扯着周星驰，并难免让他悲伤。有一次，一个名叫任田的女记者采访完周星驰，结束之后，请他在一张照片背后写一段话留念。

据她回忆，有那么一刻，周星驰露出难过的表情，然后歪歪扭扭地写下了这几个字：为什么坚持，想一想当初。

郎朗：自由之路

○
○
○

文 | 季艺

兴奋是他天生的特质，又曾在后天训练中被父亲刻意强化。兴奋带给他巨大的收获，也让他屡受伤害。这是一场持续至今的自我战争。

一场生日会

2014年7月1日是指挥家余隆的50岁生日,那一天,余隆在北京保利剧院举办了"余隆和他的朋友们"音乐会,郎朗压轴。

郎朗的父亲郎国任说,自己一开始并没有重视这次演奏,和往常一样,当郎朗在后台等待彩排时,他则悠闲地坐在观众席上,前面的座位上架着一台家用DV。郎国任拍摄郎朗已经很多年了,这样的行为是出于一种对任何机会都不能放过的习惯。

当看到小提琴家文格洛夫的演奏时,郎国任立刻感到了神经紧张,"那不是一般的棒",在此之前,郎国任不常见到这位音乐家,因为手受伤,文格洛夫当了5年指挥,在此期间很少演奏。但现在,"你马上就能明白,这是个擂台。整不好你摔在这儿了,那就麻烦了。"郎国任说。

郎国任当时就奔向后台找到了郎朗,两人一照面,郎朗就令他感到了心有灵犀的欣慰,郎朗先问:"你看了?"郎国任也问:"你看到了?"

"就像C罗起速似的,"郎国任激动地描述父子沟通之后郎朗演奏的变化,"一起速,'唰——'贼快,等到一发挥的时候'嘎嘎哗哗'几下,就给你打蒙了。这个爆发点就是说,我能给这个浪翻多强,我能把这个音给它翻上去。"郎国任说,"那你立刻就成功了。"

郎国任相信他与郎朗都有一种独特的能看到高点的能力，出现高点是他看待儿子演奏是否成功的标准。在3个小时的采访中，郎国任一共提到8次高点，尽管无法准确描述出"高点"是什么，但他确信自己能在体育比赛甚至电视节目中看到这种别人看不到的东西。

生日音乐会后，郎国任满意而归，郎朗没输，郎朗没摔在这儿。

尽管郎国任欣慰于他和儿子长久而坚韧的默契，但是人们也很容易发现两人日渐生长的不同。面对《人物》记者，郎朗并没有谈及生死存亡，他似乎只是享受了一次愉悦的聚会。

"我说，'今天晚上得好好弹'，虽然是生日音乐会，但是大家的状态都非常好。"郎朗说，"当你听到一个伟大的演奏的时候，你的灵感也会被激发。"

现在，郎朗将父亲定义为"旁观者"。"他肯定会有他自己的一些想法，而且那些想法对我小的时候是非常起作用的，但是我现在毕竟30多岁了，我不能把什么东西都想成比赛，那太幼稚了。那样会让人冲昏头脑，劲儿会太足了。"郎朗说，"现在我不需要再向世界证明我是谁了，因为大家都知道我是谁，所以我心平气和把琴弹好就行了，我用不着再去展示我有多么强、我的速度多么厉害，现在对我来说，更希望能沉下来享受音乐，而不是把它变成一种竞赛，不去担心我这场音乐会弹不好，我明天就吃不上饭了。"

那晚郎朗弹的是《蓝色狂想曲》，他称之为"格什温打香槟那个"。郎朗这样描摹这首现代钢琴曲的感觉，"这个曲子没有一个是平的，它全都是有很多层次的，它非常沸腾，节奏很随意，香槟。"

自然高

要心平气和,压下去,沉下来,从小到大不止一位老师提醒过郎朗这样的话。兴奋是郎朗天生的特质,又曾在后天训练中被父亲刻意强化,但兴奋带给他巨大的收获,也让他屡受伤害,这是一场持续至今的自我战争。

哪怕不在舞台上,郎朗也是一个容易亢奋的人。郎朗把这种状态称作"naturally high"(自然高)。"自然高"既包括"我弹首曲子我马上就high了",还包括"聊会儿天我就high","只要一聊球,我马上'噗'眼睛就亮了"。

凭借对看不见的"高点"的信仰与追求,郎国任在郎朗的童年有意训练了儿子一种随时进入兴奋状态的本领。在郎朗很小的时候,郎国任会突然叫醒正在睡觉的儿子,要求他在迷迷糊糊中立刻开始弹奏某个曲子,迅速进入到亢奋的演奏状态,"总练这种东西",郎朗回忆。

在读中央音乐学院附小时,郎朗的兴奋已经让他的同学殷翔印象深刻。她发现每次大家一起候场等待老师指导演奏时,"你都觉得这个人好激动啊,"殷翔说,"我们都紧张得快晕过去了,他还挺高兴的。"在殷翔的印象中,这种激动就像"我要好好表现",或者"终于到了我可以爆发的时候"。

郎朗演奏时的表情和肢体动作一向颇多争议,很多人认为这是郎朗父子为了表演效果故意设计的。郎朗的第一位老师朱雅芬在《人物》记者的采访中否定了这种猜测,在她印象中,郎朗小时候的演奏就是这种方式,它不是来自故意的设计,而是过度兴奋。

7岁的时候，兴奋让郎朗首次失利。他参加一次全国比赛，"在台下还没开始弹，就开始兴奋，瞎兴奋，在台下都在拍手，特别不理智的。上台之前发现有巨大的问题，但是已经来不及解决了。我穿了一个吊带裤你知道吗？俩带子全掉了，全勒上了，就是自己太兴奋了，太想表现了"。结果他只得了一个安慰奖，奖品是一只金丝毛玩具小狗。

11岁那年，兴奋的郎朗给他和他的家庭带来了一次崩溃性的打击和羞辱。那时郎国任辞职带郎朗一起去北京学琴，备考中央音乐学院附小，母亲留在沈阳赚钱养家，那是这一家人破釜沉舟最艰难的时段。一次父亲带郎朗顶着北京的雷暴和沙尘暴骑自行车到老师的琴房后，老师宣布"我已经决定不再教你的儿子了"。她一向评价郎朗是"土豆的脑袋、武士道精神、打砸抢风格"，这次她说："你的儿子不仅离天才差得很远，他连进音乐学院的才华都没有"。

多年后，郎朗在自传《千里之行》中描述了当时的场景："感到泪水盈满了眼眶。我看到父亲的眼圈也变红了。他说：'这我不明白。我的儿子是个天才。'"

全攻全守型

延伸到艺术观上，那就是，郎朗非常讨厌平均性的弹法。"就是没有什么特点，弹得也挺好，但是这种弹法就是不疼不痒。"郎朗说，他喜欢"起伏性比较大的弹法，这个在足球里面就叫全攻全守型，对，不是打防御或者打攻击"。

郎朗和他的父亲也喜欢把很多起伏不大的作品处理成起伏大的。2003年,郎朗在卡内基音乐厅弹奏了谭盾的《八幅水彩画的回忆:家》。谭盾1976年创作了这首曲子,它由8首湘西民乐组成。"那一类的湖南小调,"郎国任说,"刚听到这首曲子时,觉得听着没啥意思,有些平淡,一定要给它艺术加工。"

郎国任很快把这8首风格各异的曲子编织成了一环扣一环的样子,"整个一条线连过去,一直到结尾……然后你还得美化。美化的标准是要好听,既包括在哪个地方添蓝天、哪个地方要添树林,也包括哪个地方延长一点、哪个地方缩短一点,必须让音乐牵着观众走。"

谭盾的音乐已经完全被重组了。郎国任说他们在征求谭盾本人意见时,谭盾就觉得:"行,郎朗,这就是你的音乐,太好了,献给你。"

"郎朗在国外真的是一呼百应。"徐尧说。徐尧是日本?本经纪公司的员工,这是一家专业的古典音乐演出经纪公司。他去瑞士参加琉森音乐节,"我就看整个排期表上,就是最好的那些音乐会还有票,郎朗音乐会是已经售完了……一张票都不剩,而且还是下午场,不好的票。"

《人物》记者电话采访了68岁的德国人玛格丽特,她是甲壳虫乐队、滚石、迈克尔·杰克逊的粉丝,也是郎朗的。她很受用郎朗的激情。

在玛格丽特看来,国外有一些乐评人不喜欢郎朗的演奏风格,"和弦很尖锐,就好像一个人在哇哇号叫,push键盘的声音很大,他们把他称作Mr.BangBang"。

"但是我很喜欢。"玛格丽特说。她用俄罗斯天才钢琴家基辛与郎朗比较,她说基辛是在工作,而郎朗是在玩。"基辛的演奏很严格,非常接近作曲家的意思,在现场演奏时,基辛没有任何变化,进来、弹奏、出去、进来、弹奏、出去、没有情感,只是在钢琴上工作。你看,郎朗可以一边弹琴一边看着观众,他不必一直盯着琴键,他可以看看观众,看看天,四处看看,他仍然可以继续弹。他有自己的情感。"

在玛格丽特看来,郎朗是正在改变古典音乐界的人,他让更多的年轻人对古典音乐产生兴趣。"古典音乐是给每个人的,不只是老人。"

2004年在电视上认识郎朗之前,玛格丽特一年只度假一两次,但现在她每年出门30次,理由是——"因为我要听演奏会,他是我的充电器。"

把绝招弄过来

尽管被北京的老师无情抛弃,郎朗最终还是以第一名的成绩考入了中央音乐学院附小五年级,并且在自己15岁时进入了美国柯蒂斯音乐学院,师从古典音乐界的权势人物、柯蒂斯的院长格拉夫曼。

在柯蒂斯,郎朗有两个发现。

第一个发现让郎朗有点儿失落,"在国内我都觉得古典音乐,不管怎么说,它还算挺酷的一件事儿啊,我还以为美国可能更好呢,结果一去一看，弄了半天都是爷爷、奶奶在干的事儿"，他说，"当然鼓掌还是很疯狂的，但是演奏者真的很老，都是巨老的一些老爷爷、老奶奶"。

另一个发现让郎朗有点儿自卑，他看到了遍地天才。

柯蒂斯音乐学院很小，只有100多个学生，但郎朗感觉他们展示出了国内学生没有的自我意识、哲思与创造力。有人可以像点歌机一样随便点，再把所有的曲子串起来，李斯特时代的，加上德彪西的旋律，把老柴的第一放进去，一个曲子能加10个旋律。还有人拉乡村音乐，全是海上钢琴师那种感觉，拉个琴跟玩火龙似的。有个乌克兰女孩弹巴赫"巨有深度"，"在宇宙中寻找一个新的星际的感觉"。学校开圣诞音乐会时，郎朗一度不敢上台，"你能感觉到，咱们练的都是死的东西，人家弄的都是活的东西，差距很大"。

郎朗记得一个同学每天只在夜里12点到2点练习巴赫。虽然他个子很高，但为寻找感觉，故意把椅子弄得很低，像幼儿园那种。这位同学既想学古尔德，又想学里赫特尔，所以他就模仿古尔德和里赫特尔的综合体，"眼神特别深，每天晚上像闹鬼似的，专门练这种所谓的深度"。当郎朗问对方为什么白天不练时，对方会说："我就在黑暗练这个黑暗，我要找到黑暗的光明。""都是奇葩。"郎朗赞叹。

15岁的郎朗总是说自己要当著名钢琴家，一个大他3岁的同学叼着雪茄教他："不，你要当伟大的艺术家，伟大的艺术家才是你的人生目标，人生不能只追求名声，太俗了，你要有档次，要有水平。"

那段日子，郎朗说自己像海绵一样，跟谁都学，想把他们的绝招弄过来。在这个过程中，郎朗发现"外国人这点非常好，有什么说什么"。郎朗学得很快，"因为中国人本来就很聪明，在学习这方面很快。更重要的是，我们知道学什么东西是对的"。

"你别什么都学，一定要学他的好的、精品的，别的你学了没有用，还不如你自己的呢。比如我这个同学，他弹西班牙的东西好，于是他自己专心学他西班牙的曲子，学拉丁人的节奏和豪放。"

那一年，柯蒂斯的同学没有人能像郎朗一样在大众领域取得如此大的影响力，他们发展得也很好，很多人成了乐团的首席，但是没有人成为郎朗那样的大众明星演奏家。

"有时候你追求太多了，你自己就被你的追求绕进去了，"郎朗评价，"我这个声音要从墙上掉下来，像蜂蜜一样甜，有点成幻想型人格，就是不实际，不实用。"

比如那位教他"伟大"不要"著名"的同学，一上台就会非常紧张，越紧张越想在舞台上演奏出这种完美瞬间，越难做到，"你看着没怎么出汗，"郎朗说"汗出得整个衣服全是湿的。"

郎朗自称"人来疯"："我比较适合在台上弹。"

这段时间，尽管开始不情愿，郎朗还是按照老师格拉夫曼的指点，从自己那颗竞赛心中挣扎了出来，"之前我全部的精神世界都是为比赛做准备的"，但是格拉夫曼要他把心思放在音乐而不是比赛上，因为，"郎朗，如果你不仅仅是一门心思要当第一名，你会碰上很多好事的"。

当格拉夫曼对《人物》记者回忆起当时情形时，他笑着说："Too many ways to be No.1"。

18 岁时，郎朗在美国一次音乐节上作为替补的演奏中一鸣惊人。格拉夫曼说："现在回想，如果芝加哥没有人生病，他也不会去芝加哥。但是半年或一年后，类似的事情总会发生。"

在国宴上演奏

赵卫曾任北京奥运城市发展促进会副秘书长，在筹备奥运期间，他主要负责奥林匹克文化节，通过一些文艺表演向北京市民推广奥运。2003 年 9 月，赵卫邀请郎朗在第一届奥林匹克文化节上演出。

赵卫觉得以前自己看的钢琴乐手们好像都比较平静，对作品的诠释主要是通过声音。但郎朗截然不同，了他好像是把音乐的感觉舞动起来了，冲击力是扑面而来的。赵卫觉得，很少接触严肃音乐的观众能够被一个钢琴乐手深深地吸引住，要去吸引到这部分观众其实是挺难的。而当时参加活动的北大师生、体育界、文艺界人士和各个方面的总代表、北京市的主要领导，"报以了真是可以说是雷鸣般的掌声"。

演出结束之后，赵卫去感谢郎朗，他看得出郎朗非常兴奋，"因为郎朗当时在国内的演出不是很多，他觉得观众很热烈"。郎朗接下来的话让赵卫至今难忘，郎朗告诉他："我的手指头已经快弹麻木了，这个礼堂太不容音了。"因为北大百年礼堂不是专业音乐厅，他要非常用力地弹自己才听得见。郎朗说："我的手啊，估计需要很长时间来恢复。"

2005 年 11 月，德国总统府一个司长请董俊新邀请郎朗在国宴演奏，董俊新是当时中国驻德国使馆文化处的文化参赞，负责文化交流。那时郎朗的钢琴事业在国外已经如日中天，之前董俊新曾邀请郎朗去大使官邸开过两次音乐会，到场的都是部长级人物，有人还是坐着轮椅来的，这些人此前从来没有在大使馆举办的中国艺术团体的演出中出现过。

国宴上一共要演奏4首曲目，两首西方音乐，两首中国音乐，都由郎朗方面准备。

在商定选哪首中国曲子时，郎国任给董俊新打了一个电话，说要好好斟酌。董俊新回忆，"因为郎朗认为咱们中国的有些曲子，曲调不像欧洲的能够拔得很高……没到高峰的时候就下来了，他要弹的话就要自己做些改动"。

过了几天，郎国任告诉董俊新他们选《黄河》。郎朗对《人物》记者回忆："我们的传统实际比较低调，听中国音乐一般比较安静一些，我选的这首曲子不是完全中国式的，有很多俄罗斯的写法，张力很大。"

结果，那天晚上宴会的气氛由于郎朗参与演奏非常热烈。董俊新说参与的领导都非常高兴，一共3次上台主动拥抱了郎朗。"那是发自内心的高兴，"他感慨，"一般都很少能见到国家领导人像那么天真的。"

更让董俊新高兴的是，2005年底，德国总统克勒特意邀请董俊新前往总统府参加音乐会，并特别接见了他，"向我表示感谢请郎朗来，说他任总统期间，他举行的国宴有郎朗参加这一次气氛最好"。

之后，董俊新与中国驻德国大使以使馆的名义给国内提出两个建议，一个是让郎朗能作为中国的形象大使，另一个建议则是2008年北京奥运会开幕式上能有郎朗演出。当年，郎朗上了2006年的春晚，那是郎朗第一次上春晚。

郎朗能够煽动观众，但很多时候，他同样容易受到观众的煽动。"我说你要小心，你作为一个好的钢琴家，不要受观众的诱惑。"小时候的老师朱雅芬曾这么提醒郎朗，后来她在电视上看到了郎朗春晚上的演奏，《翻身的日子》，"弹得特别特别的快……他没感觉，因为他手指太好使了"。

跨界弹大场

西蒙·拉特爵士是柏林爱乐的首席指挥，他与郎朗在演奏会上合作多次，录制过一张专辑。

"之所以郎朗成为超级巨星，首先是极好的个人品牌推广。其次，他喜欢，他想要，而且他也愿意和观众交流。"西蒙·拉特对《人物》记者说，"是的，他是天生炫技者，但你又能说什么呢？他热衷于把观众带进他的演奏中，有时他会分心，有时他的表演过犹不及，但这是他的本能。"

郎朗的大众声誉很多来自跨界演奏，当大部分古典音乐家只能或者只愿意在音乐厅演奏时，郎朗却把他的钢琴放在了观众更多也更热情的溜冰场、NBA现场、摇滚演唱会现场甚至世界杯现场。

郎朗从小就向往这样的大场面。1994年世界杯，郎朗12岁，他在开幕式上看到了三大男高音的演出,"非常震撼,哇,在这种场合上演出简直太酷了。"他说,"看做体育的这帮人,我估计他们大部分都没有听过古典音乐,所以我觉得这个场合不错,而且很适合弹大场。"

在郎朗的父亲也受到了一次类似的启发之后,郎朗真正开始了跨界表演。

那是在美国,2001年郎国任观看了滑冰运动员关颖珊的比赛,他立刻被吸引住了,"太美了"。当他发现关颖珊的背景音乐是《拉赫玛尼诺夫第三钢琴协奏曲》时,他和郎朗当时的唱片公司环球一拍即合,决定以后让郎朗在冰上现场演奏。后来郎朗和溜冰冠军们合作的时候,弹了《拉赫玛尼诺夫第二钢琴协奏曲》和《黄河》。

"之前从没有人这么做过。"郎朗回忆,因为钢琴放到冰上非常冷,这导致他的手和脚都是冰冷的,"我希望有解决的办法,但有时候实在没有解决方法……就只能硬着头皮弹。"

郎朗第二次成功跨界是在2003年的NBA赛场。这个灵感来自费城前副市长多朗。郎国任回忆:"多朗就说,'郎朗,咱们也可以在篮球场上……你不是想造的声势更大吗?'"

在NBA赛场上一切都变得不一样了,郎朗弹的是李斯特的《匈牙利狂想曲》第二号的片段。"这些观众太好了,都站起来鼓掌了,我说,'哇,这体育观众简直太疯狂了'。"郎朗说,"我吃到甜头了……哇……必须要弹快的曲子,因为在体育馆里,大家都是比较嗨的。"

让郎朗振奋的还有,那时NBA已在国内转播,他的国内朋友在电视里看到了他,他们吃惊地告诉他:"我看到你在NBA球场里面坐着呢。"

再下一次是2006年世界杯，郎朗和多明戈一起演出。那次之后，兴奋过度的郎朗病了3个月起不来。"但那天晚上我是嗨了，那种感觉像在放礼炮"。

格拉夫曼把郎朗的跨界称作一种"附加天赋"，"这并不意味他弹贝多芬会更好或更差。毫无关系"。

在郎国任看来，大部分古典音乐家无法在更大场馆演奏是因为他们"高潮点不够，因为他没有那种气势，"郎国任说，"你弹的琴必须在各方面把人家给吸进来……但是有些人上不去，没有阵势。"

郎朗把弹大场的感觉叫作"灵魂出窍"。他说："你得完全走出来，你还像以前那么弹，肯定不行，而且弹大场需要体力，以及能强大到最后整个顶住全场的心理。"

人间极品

在古典演出界，郎朗很长时间以密集的演出安排著名。据日本梶本经纪公司徐尧统计，一般演奏家一年有五六十场音乐会，郎朗则接近150场。"他非常非常夸张，就是一个晚上在路上飞，到这儿弹一个晚上，然后再飞，"徐尧说，"他能够长期地保证每一个晚上都能在音乐厅里面兴奋起来，一年能兴奋150个晚上，这个一般人真是做不到。"

徐尧认为，一个钢琴家掌握二三十个协奏曲是及格线，40个算优秀，但郎朗"手边能弹的协奏曲应该是四五十个这样子，他稍微练练能弹60多个，真的是人间极品了"。

而且郎朗的作品很难。徐尧注意到有一年郎朗在国内一次演出弹了肖邦的4首叙事曲，"叙事曲是肖邦音乐里最深刻的，它是有故事、有情节的，弹一个已经非常费脑力了，还要弹4个"。他感叹郎朗手指的机能已经到了一般人很难达到的程度，因为同一个时间人能弹奏的就那么多。

"我2007年在北京弹了10个协奏曲你知道吗？"郎朗主动对《人物》记者提及此事，"那时候25岁，非常气盛啊，想有东西能显摆啊。你让一个25岁的人克制，那是不可能的。"

而这也让郎朗更加受到乐团的欢迎，因为乐团也希望丰富自己的曲目库，挑战有难度的作品。

不仅在演奏方面，也包括在商业上，郎朗一度尽可能证明他的价值。郎朗的老师格拉夫曼告诉《人物》记者，自己曾经告诫郎朗，他的商业活动太多了。"我已经跟他说过3次了。"

铁杆粉丝玛格丽特惊讶于郎朗的工作强度，对于郎朗能做到的原因，她只好这么解释："他是一个中国人。如果他是个欧洲人，他肯定已经疯了。"

她曾经跟郎朗的德国经纪人聊过，为什么郎朗不说No，他说："如果郎朗说两遍No，那他们就不会再请他第三次了。"

驻德文化参赞董俊新回忆当时德国总统府的司长想邀请郎朗在国宴上演奏的事情。"他说，'当然了，我们付不起那个演奏费，因为预算都是有限的……'我说这个没问题,我很了解他们家的人。"之所以这么说,是因为之前董俊新邀请郎朗去大使官邸搞音乐会时,他发现郎朗全家对国家的认同和为国家服务的意识非常强,听到邀请,他们马上拿出本子和经纪人来找时间,当时就定了,不像一些人,一提就说:"你找我经纪人去吧。"

郎朗迷恋征服,迷恋认可。这不仅出于年轻气盛的显摆心态,也出于对机会的珍惜。很长一段时间,郎朗都生活在一种害怕失去机会的心态中。"我如果这场音乐会没弹好,就不会有人邀请我了。"他说,"我们那会儿一无所有,你只有破釜沉舟。"

"我毕竟还是被那老师干掉过,被淘汰过。"郎朗笑着说,"我害怕,我小的时候胆儿不大,她一看着我,我就怕她说,'这个小孩儿不好,我早给他淘汰了'。"

而在那次抓住替补机会崭露头角之前,郎朗经历了3年焦心的等待与寻觅,他只能坐着便宜的灰狗大巴长途跋涉奔赴不太像样的演出场所,有报酬的演奏机会少之又少。

为什么郎朗能获得那么多的演出机会?"你知道英文里有个词叫魅力吗?"格拉夫曼说,"有些人弹得不好,但个人魅力够大。但是郎朗,两者都有。他有天赋,也有魅力——后者我觉得是教不会的。"

但这不是重点,重点是,这时候格拉夫曼再三向《人物》记者强调:"指挥比观众重要得多。能力和魅力,观众两方面都看。但是指挥不会在意魅力,只需要他弹得够好。是的,如果独奏家有着无与伦比的想法,然后观众也很喜欢,但指挥不满意,那独奏家都不会有二度登台的机会了。""如果观众疯狂了,指挥说不行,那就会换人。"

格拉夫曼笑着说起自己20多岁时一个好朋友的故事。这个钢琴家和伟大的指挥乔治·塞尔合作过,得到的评价很糟糕,塞尔很生气,因为自己表现很好。于是塞尔第二年换了合作伙伴。格拉夫曼大笑:"你和一个著名的指挥合作,你得到一个好评,指挥却是差评,这也不是很妙。"

"关键是被自己的前辈喜爱。每个人都想和郎朗合作第二次,他们都喜欢他。"格拉夫曼说,"有天赋的人也需要得到别人的帮助,他们要有第一次展示的机会。如果指挥不喜欢,那可能就是最后一次了。经理也帮不上忙。所以,郎朗得到了机会,其他钢琴家得到了机会。他们希望和郎朗再度合作。西蒙·拉特就是这样的一个指挥,他就很喜欢郎朗。"

社交天才

如果说在柯蒂斯郎朗有第三个发现,那就是——社交很重要。

"你看,帕尔曼、马友友、帕瓦罗蒂、多明戈,有一个算一个,都是很会交际的,都给人一种很舒服的感觉,这样的人也容易成功。"郎朗说。

从一认识,谢迪就觉得郎朗"很接地气儿"。十几年前谢迪在环球唱片做兼职,和郎朗渐渐成了朋友,他记得两人刚认识的时候他曾经问郎朗和帕瓦罗蒂见面的事情,郎朗说:"帕瓦罗蒂很好玩儿啊，帕瓦罗蒂确实浑身都是肉啊。"

在谢迪印象中，郎朗也很会掌控气氛。郎朗在清华和大学生谈李斯特作品，现场有人电话铃响了，郎朗也不生气，随口说笑："吓我一跳，我以为是李斯特打过来的。"

索尼唱片中国区总裁徐毅曾经邀请郎朗去参观索尼北京。郎朗给大家讲了一个笑话：一个指挥家在沙漠中快要渴死，祈求上帝给他一滴水，但当他拿到水后，他没有喝下去，而是习惯性地整理了一下他的发型。这个故事是说，即便快渴死了，指挥家仍非常在意自己的形象。"当时全场爆笑"。谢迪回忆，很多人觉得古典音乐家台下很拘谨内向，但郎朗让人意外。

"他是一个社交天才，为人处世也很阳光。"谢迪说。

"当你遇到一个人时，你马上会判断出他合不合适，这也是在我和郎朗之间发生的故事，"卢卡斯说，"我母亲去世时，郎朗是第一个给我打电话的人，他说：'兄弟，我也很难过。'"这件事情之后，卢卡斯把郎朗当成了好朋友，他现在是郎朗国际音乐基金会执行总监，"我们的友谊一直在成长"。

"一定要先在音乐界有非常有权势的朋友才有可能冒出头，这也是如今的古典音乐界的一个规矩吧。"徐尧说。他认为从纯技术层面来说，郎朗堪称完美，世界上难度最大、音符密集度最高的作品，郎朗弹得都是零失误。另外，"郎朗真的在性格方面占了一个很大的便宜。如果你只依靠你的硬实力来说话，也可以，但是很难——一定会比你通过交际的方式来得要难"。

很多年前，徐尧跟郎朗有过一次近距离接触，那时他还是个高中生，当时郎朗刚刚受聘为联合国儿童基金会的大使，徐尧混进了晚宴，拿着笔走到郎朗桌边要签名，郎爸瞪着他说不方便，但是郎朗说没事儿，拿笔就签了，然后徐尧说："能请您合个影吗？"郎朗说："好。"然后好脾气地跟着徐尧走到了大厅的另外一端，走得非常非常远。

"怎样才能成为大师呢？"《人物》记者问郎朗。

"你得首先跟大师经常在一起切磋。"郎朗笑嘻嘻地给了一个很接地气儿的回答。

在自传《千里之行》中，郎朗记录了2002年一次演出后和指挥大师巴伦博伊姆的相识，巴伦博伊姆后来成为郎朗重要的导师。

"有个人我想让你见一下。"说着扎林往边上一站，为我引见了丹尼尔·巴伦博伊姆大师。

"我根本没想到大师坐在观众席上听了我的演奏。我不假思索地脱口而出：'哦，大师，您能教我吗？'"

他回答说："啊，当然可以。"我还是第一次和大师见面，也许显得不合适，但我还是情不自禁地拥抱了他。

巴伦博伊姆对郎朗最重要的教导是：感情是音乐表演中不可或缺的成分，但是过于矫饰、泛滥的情感只会给演奏带来伤害。

郎朗将这些总结为"压下来"。他说，童年时代朱雅芬老师一直压他，但是他并不知道是怎么回事儿，后来巴伦博伊姆也压他，"我刚要发动，就压我，开始也很不舒服"。但是年岁渐长，郎朗逐渐明白了，"平衡很重要，你要在很平稳的心态上弹出各种钢琴曲，你得完全能控制住场面才行,因为你一热起来就容易乱,一乱你平时练的所有东西可能都被蒸发了"。

"弹琴的时候不能想你是世界第一,必须是平常心态,"郎朗说,"千万别把自己当块小饼干,就把自己当块豆腐就够了。"

人生最高兴的一件事

以数量计,郎朗是当之无愧的世界第一。与数量同样著名的,是他的"刻苦"。

"他非常非常刻苦。"徐尧说。他一直疑惑郎朗甚至没有"跑音"的时间,"跑音"指的是正常演出前的热身过程,"你要让手指头一定热起来,要是冷的话,很容易受伤"。徐尧很好奇郎朗到底怎么挤出练习的时间,他注意到,BBC 出的一张郎朗纪录片上记录了这样的细节——他在每一趟飞机上,一直是一边看乐谱,一边把手放在膝盖上弹。

郎朗提到了当年那位把他"干掉"的女老师,"唯一教我一个特别好的事儿"。她曾经对郎朗说起一个女孩在考试时弹巴赫《平均律》,老师的电话忽然响了,老师看了半天,决定还是接起那个电话,结果是个骚扰电话,放下了这个电话后,至少已经过去了有 20 秒,那个才 9 岁的女孩儿很从容地从完全停的那个地方,等这 20 秒过去后没有任何缝隙地继续弹了下去。

这段话深深记在了郎朗心里,"后来我就总在想,是不是等哪天我考试的时候也会有电话铃骚扰,但那也得练啊,这叫防干扰系统。后来我们成天练这个,这个还真没白练"。

这种为了保证万无一失而进行的类似练习直到今天还在继续。郎朗看过《鲁宾斯坦传记》,鲁宾斯坦有一个特异功能,"比如说你可以半夜什么时候给他踢醒,让他弹60首曲子,而且随便选,那样他都能以音乐会的状态弹,在鲁宾斯坦80岁的时候他都能做到。所以我就觉得人家都能做到,80多岁老头都能这样,咱们也得练。所以我在这方面下了很多工夫"。

直到2009年,郎朗才获得了心态上的些许放松,他开始减少演奏会的数量。"像军事演习似的,你看看我这个武器,我觉得没必要再去看了,"他说,"你说你还想怎么,弹到月球?弹到火星?"

2008年,郎朗获得了职业生涯的高峰体验:在北京奥运会开幕式上独奏,他说:"那可以说是我人生最高兴的一件事。"

这是开幕式上少有的一个单人完整的节目。兴奋再次袭来,郎朗回忆,"我记得第一天排练的时候,激动得就已经哆嗦了,开始抖了。"他说,"就是和我们中国一起在新时代里面飞起来的感觉,太奇妙了。"

这时候,郎朗想起了自己小时候在北京练琴时的邻居。那是1993年,他和父亲住在租来的房子里,北京申请2000年奥运会失败了,第二天早上他起床练琴,愤怒了一夜的邻居砸了他家的门。"感觉像是没申成奥运会是因为我这琴的感觉。"

郎朗想到那个地方应该已经动迁了,"我的那些邻居过上好生活了,不会再住那种破房子。"郎朗笑着说,之后他冷淡地补充了一句,"我挺可怜他们的,你说那墙就那么厚。"

橘子汁事件

郎朗对于他的兴奋有着复杂的情感。这个事情的好处是,他不需要像别的艺术家那样通过烟、酒来寻找灵感,他几乎是体内自带兴奋剂。如果没有这种性格,在最终通往自由的路上,他也无法从父亲的牢笼中不带阴影地全身而退。

但是,这种由父亲郎国任从小一手培养起的兴奋既帮助他在舞台上战胜对手,征服观众,也一直在日常生活中伤害着他。尽管他现在摆脱了父亲,却依然摆脱不掉自嗨性格。很多时候,郎朗发现他无法控制住这种兴奋,即便他已经离开舞台,回到生活中,他也常常会"刹不住闸,就是高兴,有时亢奋得停不下来"。

2005年,受指挥家祖宾·梅塔邀请,郎朗前往以色列演奏,他当地的犹太朋友在海边放了一个巨大的音响,又带来了很多新的朋友,为郎朗开了一个派对,"巨嗨、嗨歌、嗨舞了能有五六个小时吧,"郎朗回忆,"大家一顿狂乐。"

那天晚上从海滩回到酒店,郎朗发现他什么都听不到了,"只听见一声'嗞'"。回忆起当时的情形,坐在北京一家酒店二楼中餐厅包厢里的郎朗一脸震惊,他把头探向前方。

"我还以为在做梦",郎朗说,他让自己睡下,但第二天起来到了音乐厅,弹《勃拉姆斯第一钢琴协奏曲》,发现慢的时候仍然什么也听不见,"我全听它是'嗞',全是这声"。他吓坏了,这不是乐极生悲嘛。领他去玩的朋友被指挥祖宾·梅塔骂了,说:"下回我再看见你,我让你滚出去。"直到一个星期后正式演出,郎朗才恢复正常听力。

因为不能喝酒,郎朗在派对上兴奋后会不能自控地"狂喝"橘子汁,"喝橘子汁我都喝得很嗨你知道吗?"郎朗认真地提醒《人物》记者,"11点以后,晚上千万别喝橘子汁,这是毁灭性的。"

音乐会结束是夜里11点后,那时正好空腹,这给郎朗的胃带来了毁灭性伤害。2006年夏天,他先是发现自己睡觉前总是反胃,随后停不下来地咳嗽,接着有一点儿劳累就会喘。

"我爸就是照顾得不太好。"郎朗说。他用描述一场灾难的方式描述着他父亲陪他一起时的后台。他热心肠的父亲常常把各种他们根本不认识的人叫到后台,比如想要和郎朗合影的留学生,或者饭店送外卖的工作人员。"我爸就是你看着挺好,你看着挺可爱,就让人进来照张相,进来后再给人喝点水,比如说饭店进来个送大米饭炒鸡蛋的人,我爸就说:'你看这多好啊,跟他合个影儿,聊会儿天,要不去他的饭店吃饭去吧?',我说,'我们都已经定好了',他说,'你看这炒得挺好吃的啊,也比较合口味儿……'"这导致郎朗在后台经常发现他的水都被喝完了,"等我去的时候,我的水呢?没了,都接待客人了"。或者音乐会快开始了,郎国任会忽然问郎朗有没有票,给他弄点来,"都这个时候了,他来捣乱,所以我每次都说,'你走走走,别在我后台待着'"。

一开始,郎国任并没有把郎朗咳嗽当回事,直到"咳得都不行了,好像差点没喘过来气儿",他才带他去看了国外医生,"说只能给你开一些抗生素你吃吧!吃完了还咳"。

到两个人飞回北京时，郎朗的病情已经非常严重。郎朗说，他的背后要背着伸出两个管子的小包，这两根管子全部插在身体里，监控着他的胃和肠子。

"很多亲戚朋友来看我，然后我就像一个伤兵一样，在家一待，特老实，不能激动，也不能弹琴，背俩小包儿，老实得像只猫似的。我亲戚们来了都说，'郎朗成这样了，从来没见他这么老实过。俩小包儿，一边一个'。"

郎朗的母亲周秀兰看到这个场景后大骂丈夫，"一顿骂啊，给我爸从屋里骂出去了，你说有多大的音量"。从那以后，郎朗的母亲接手郎朗的生活管理，开始陪伴他巡演、出国、参加商业活动。

郎国任在采访中回应了那次换人，与郎朗不同，他把换人的理由归结为那时自己的身体出了毛病。"当时我头有点晕。"他说。

父亲的谢幕

60岁的郎国任戴着一副见到阳光就会变成茶色的眼镜，长发、白裤，穿着一件夏威夷式鲜黄色的衬衫，坐在北京东南四环的一个大型小区的巴洛克风格的客厅里，客厅墙上挂满了一个个巨型金色木质画框，在一个典型的中国家庭中，这种画框常用于装裱全家福或影楼婚纱照或风景油画，但在这里，它们的金黄、繁复和巨大所烘托的是郎朗几乎一人高的唱片海报和一张范曾的书法，这位书法家为这个三居室题名为：郎朗的音乐世界。

当《人物》记者到这个房子的门口时，"二叔"正站在那里对着二楼的装修队喊："不许使用电钻！"他担心电钻的声音会影响到谈话的效果。

现在"二叔"在这里照顾郎国任的生活。二叔与这个家庭夙缘颇深。当年郎朗被女老师抛弃之后，在父子激烈冲突之后的漫长冷战中，郎朗向一个陌生人，附近一个蔬菜市场里摆摊卖西瓜的"二叔"倾诉。"二叔"安慰郎朗和后来也去那里买菜的郎国任，并从此成了崩溃的父子关系的修复者和缓冲者。

"郎朗放学回家的时候不敢过马路，马路车多，洋桥的车特别多，我在马路这边卖西瓜，他放学了一摆手，'二叔，我回来了'，我赶快上马路那边把他接回来，然后他送上楼。他自己脖子上挂个钥匙，门打开进屋里，那一弹几个小时不带出来的。他就是这种孩子，不知道玩儿，生病、发烧，都在弹，热了光着膀子弹。"

"二叔"如今回忆他们当时的交往说："我说有情谊缘分，这个小孩——郎朗小时候可招人疼了。"

郎朗成名赚到钱后，先让母亲在沈阳买了房子，紧接着给二叔在北京买了房子。

"这孩子没法说，我该夸他什么呢，没法夸，我也不夸他。"二叔说。

郎国任把对郎朗的培养比作改革开放，就像那些中国汽车本土厂商引进国外品牌和流水线为我所用。

很长一段时间，郎国任是郎朗的监护人、陪练，甚至是保姆。但在今天，郎国任更愿意把自己看作卓越的"观众心理学家"，他认为自己按照一个观众的爱好指点着郎朗演奏,帮他挑选、加工曲目。

但是到美国之后,郎朗羽翼渐丰。

一次,当郎朗拒绝他练琴的要求时,郎国任抓起一只鞋子朝他扔去,郎朗躲了过去。又一只鞋子火箭一般冲他飞来,这一次打到了他的耳朵。气极了的郎朗摔门而出。

一个星期后,郎国任当着郎朗朋友们的面,要求郎朗把难度极高的《伊斯拉美》"再弹10遍",精疲力尽体力不支的郎朗感到很尴尬,他"从小到大都想说的话"脱口而出:"暴君!疯子!不要你命令我!我希望你下地狱!"说这话的时候,郎朗的心怦怦直跳。"如今我宣告了我的独立,他会怎么反应呢?"一个小时后,郎国任打点好行李,叫了出租车。当和朋友回到公寓,发现父亲已经走了时,郎朗起先很高兴,随后他感到惊恐万分,"事实是我不想独自一人生活",他到机场找回了正在排队买票的父亲。

几次拉锯之后,郎国任最终失去了对郎朗的控制,直到橘子汁事件之后彻底出局。

"他在乎他自己的事业,我也在乎他的事业。"郎国任坐在客厅里告诉《人物》记者。在交谈时,他很少目视对方,而是视线略高望向远处,像一个孤独的国王。

郎国任不赞成郎朗有女朋友,"天天跟着,你现在精力都不够"。但他也表示,对于这点,他不担心,"他在盛期的时候,永远是想打胜仗的,脑子里没有别的,就是胜仗,"他说,"我想他40岁以后总是高点。"

对生活永远是这样"嘣嘣嘣"

郎朗对大部分话题都表示出极大的亲和与坦诚,但在独立和完全掌控郎朗品牌这件事上,他表现出了强硬。

第一次见面,当《人物》记者表示想要采访他团队里的一个人时,郎朗当即拒绝,他的面孔一下子变得紧绷。

"不要采。"

"为什么?"

"我用不着别人去替我说话,"郎朗说,"我要做的事情自己非常清楚,我不需要别的人来跟我说郎朗品牌怎么发展。"

按照郎朗的计划,他希望自己成为传说中的全能性艺术家:能够演奏古典音乐领域的任何一个风格;继续扮演古典音乐界的大众偶像,让更多的人喜欢古典音乐;他成立了基金会,开办音乐学校,希望在音乐教育上有所作为,也许最终他将成为一个伟大的音乐家,一个精神领袖。"一个伟大的音乐家,就应该是一个伟大的精神领袖,可能这话有点大,但是哪个伟大的艺术家不是呢?"郎朗说,"你光一个弹钢琴的人,谁去听你说话啊?"

"他才32岁,但他就已经开始回馈他过去所得到的了。这很不寻常。一般来说,老艺术家们70、80岁才这么做。"铁杆粉丝玛格丽特说。玛格丽特还注意到,郎朗和孩子在一起的时候尤为快乐。

曾任北京奥运城市发展促进会副秘书长的赵卫也过目睹郎朗和小乐迷的相处。那是在一次演出的后台,很多家长带着孩子希望见到郎朗，最后工作人员选了两个七八岁的小姑娘。赵卫注意到，郎朗不是仅仅给她们签名就打发了，而是陪她们弹了会儿琴，而且让她们觉得弹琴是一件很有意思的事儿。

"他说，'这样，咱俩一起弹'。小孩就弹了几个练习曲。他说，'你弹得很好，这样，我给你弹一个你想听的，你想听什么？'，小孩很紧张，说不出来什么，他说，'我给你弹一个跳舞的曲子好不好？'他顺手一弹，西班牙曲子探戈的感觉出来了。那个小孩非常高兴，但是还不怎么说话，他就顺手拿了一个橘子，在琴键上一划，就是拿着橘子就在琴键上跟她比画，依然是有节奏和韵律的，这小孩马上就开心了。"

"也许这是郎朗想帮助小孩的原因，他的童年很沉重，很艰辛。"郎朗基金会执行总监卢卡斯说。

郎朗曾在自传《我是郎朗》里写道："我从来没有享受过一刻童年，只有试图成为一个成年人的痛苦的努力。"但是郎朗的身边人也一致认为，艰辛的童年似乎并没有在郎朗身上留下什么阴影，他乐观、阳光、积极，几乎没有什么负能量。

"也许他曾是被迫的，但你看得出来他真的很喜欢，"格拉夫曼说，"现在他已经成为一个很棒的健全人。"

李华弌是住在旧金山的当代水墨画家，郎朗的忘年交。他认为在训练过程中，一定要经过一个所谓"计划的牢笼"，才会出人才，过了关，然后成为自己。如果经历训练之后对生活就没有感觉了，怎么还能成为艺术家？

"经过了这么多的牢笼，但是仍然这么自由，这是他了不起的地方,"李华弋说。他这样描述郎朗,"好像这个人对生活永远是这样'嘣嘣嘣',像打开的书一样。"

一次在五棵松体育场内的采访,郎朗和他的团队正坐在一个用黑色幕布临时围建起来的休息室里,另一间里坐的是 NBA 球星勒布朗,耐克邀请他们共同参加一场记者招待会。当耐克的工作人员来到郎朗的休息室里沟通两人将如何互动时,郎朗似乎并不想照耐克说的去做。

"他想直接和勒布朗交流。"郎朗的公关说。工作人员带着兴致勃勃的郎朗去了勒布朗的房间。

记者招待会就要开始了,准备入场时,《人物》记者在招待会门口看到了郎朗。"我提议勒布朗一会儿要在钢琴上扣篮。"郎朗开心地告诉记者,眼神闪亮。

记者招待会开始,两人登场。主持人先是邀请郎朗为记者们演奏了《匈牙利狂想曲六号》。接着,郎朗邀请勒布朗和他一起四手联弹。

在这时,记者明白了郎朗所说的钢琴上扣篮的含义:每当郎朗弹了一段曲子,他会点头向坐在一旁的勒布朗示意,当看到郎朗的眼神,勒布朗会把他的双手摆成正在弹琴的模样举向天空,再狠狠砸向钢琴,钢琴随即发出刺耳的声音,这种声音一共在现场响起4次,郎朗将这称之为在钢琴上"扣篮"。

之所以有合奏的创意是因为郎朗看到他与勒布朗的名字中都有一个"朗"字,因此,郎朗把这次合奏命名为了"双朗合琴",郎朗的公关很认真地对《人物》记者说。

找回童年失去的东西

30岁以后,郎朗越来越意识到日常生活和家庭的重要。他迷恋和母亲共处的时光,"我心特别累的时候,回家我妈给我做顿饭,最简单的面条卧个鸡蛋,我就感觉很温暖"。

"她是朋友,是助手,是一切,她也是个热心人,是让郎朗不必感到孤单的人,"玛格丽特这么评价郎朗的母亲,"他很长一段时间一个人在北京——跟他的疯狂的父亲一起。我总想,他在努力追回过去遗失的东西,所以他和母亲的关系非常非常温馨。"

郎朗逐渐认同母亲所代表的那种价值观,家庭最重要,生活更要紧。"有些人你看一天废寝忘食在工作,在做一些自己觉得很重要的事儿,但结果最后连自己家都保不住,我觉得这是一个巨失败的人。你可能什么都有了,自己家庭没了,你孩子不认你,你亲戚跟你一点都没有感情,最后变成一个冷血动物了。"

郎朗也更信任与依赖那些可以为他说"不"的人。朱雅芬现在帮郎朗负责深圳的音乐学校。"朱老师对我的爱护、呵护跟我妈一模一样。"郎朗说。

有一天,音乐学校开年会,音乐非常闹,"朱老师马上甩头就走了。她说:'你怎么能这么对待你自己啊,一天累成这样,晚上还年会,还这么大声的音乐,你要聋啊'?直接就骂我"。郎朗深受感动,"我马上就停下走了,跟着朱老师走,那我还能让一个老人家自己走吗?我停下说今天年会结束,朱老师休息,我得陪着朱老师。"

尽管2009年郎朗开始有意减少演奏会的数量,但是2010年这个数字还是习惯性地上升，他创造了 145 场演奏会的个人纪录，也是世界纪录。2013 年，这个数字是 120 场，依然是一般演奏家的两倍多。郎朗视独自演出为寂寞苦旅，现在他总是带着他的母亲一起出行，有时候，还带着他的同学。"我对小时候这些情感非常看重"。他说。

采访那一天，除了《人物》记者，还有 3 个特别的年轻人在朗豪酒店的行政楼层等待郎朗，他们是郎朗的小学同学：一个从广州到北京出差，一个从新加坡回北京，唯一的女孩叫许欣欣，平时住在沈阳。

上火车前，许欣欣接到郎朗一条微信，让她帮自己在家乡找个东西，"Pia Ji"—— 一种纸片玩具，一方用自己的狠狠砸向另一方的，将对方砸翻过来的人获胜。这个玩具在 20 世纪 80 年代的北方男孩中非常流行，但现在除了在淘宝打着"80 后美好回忆"卖点的卖家那里，已经很难再见到这种东西。

小学之后，许欣欣再见郎朗已经是 2002 年。那一年，郎朗回沈阳参加一个活动，他告诉他的小学班主任冯凝，他想见见他的同学们。

冯凝被郎朗视为童年最重要的人，她把他从一个人练琴的状态里调整了出来。那时，冯凝不顾学校的压力办了一个特长班，这个班级不以考试成绩为唯一标准，每个学生都要有一个特长。在郎朗看来，冯凝教给自己最重要的一样东西就是情感表达。

"我以前不太好意思说话，她就经常让我在班级所有同学面前念诗，然后我还是害怕，总是有点儿放不开，然后她就说，'这样吧，你放段儿你自己喜欢听的音乐。'"当录音机里播放出贝多芬的奏鸣曲《暴风雨》，郎朗放下心来，觉得大家可能听音乐就不听他了。"这个冯老师是个了不起的心理学家。"

冯凝记得，有一次，郎朗参加比赛得奖回来，狂喊："冯老师我得奖了。"全班同学开始沸腾，他们把他举了起来，给他开庆功会，给他糖，给他发花。

在冯凝的班里，郎朗只读到三年级，之后离开沈阳去北京考中央音乐学院附小，这三年是郎朗童年少有的在练琴之外能与外界相处的时光。

许欣欣说，自从与同学恢复联系，两人每次见面，郎朗的第一句话都是："最近你都看见哪一个同学了，最近你们有没有聚会啊？"然后高兴地回忆同学小时候的模样。

许欣欣决定促成一个同学聚会。她找到了很多他们童年共同吃过的零食，无花果、果丹皮、汽水糖，还有金牌形状的巧克力。她在电话里特别提醒同学一件事情：带一张生活照来。当有人问为什么要带生活照时，她就说想制作同学录。

同学聚会一共去了20多个人，到了现场，大家才知道那个同学录是给郎朗的。许欣欣买了很多彩色的笔，她记得小时候同学录上都是用彩笔写的，那天他们每一个人进去时，都要用这种笔再写一份。"他没能参加我们六年级的毕业典礼，我希望在18年之后，给他补一份小学毕业典礼。"

当她把这个五颜六色的同学录送给郎朗时，他一下子站了起来，给了她一个大大的拥抱。

看见

倾听

触摸